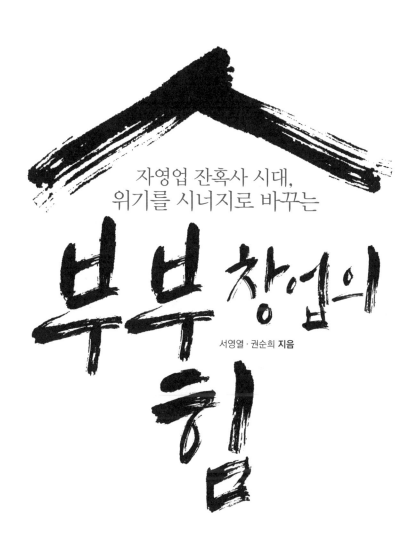

자영업 잔혹사 시대,
위기를 시너지로 바꾸는

부부 창업의 힘

서영열 · 권순희 **지음**

더씨드
컴퍼니

'지기지피'면 백전불태,
꼭 성공하시길!

살면서 일이 잘 풀리지 않을 때 사람들이 습관처럼 내뱉는 말이 있다.

"하다 안 되면 식당이나 하지 뭐."

반은 농담이지만 실은 하는 데까지 열심히 해보겠노라는 다짐이자,

혹 실패하게 되더라도 밑바닥에서부터 다시 일어나겠다는 각오일 것

이다. 그러나 자영업을 최후의 보루이자 배수의 진으로 삼고 뛰어든

이들의 현실은 요즘 젊은이들 말로 '헬조선' 그 자체다. 2014년 말에

이런 기사가 나왔다.

"생계형 자영업자의 생존율이 창업 1년 후 83.3퍼센트, 3년 후 40.5퍼

센트, 5년 후에는 29.6퍼센트."(2014년 중소기업연구원 조사 보고서)

더욱 기가 막힌 일은 음식·숙박업의 생존율이 1년 후 55.3퍼센트, 3

년 후 28.9퍼센트, 5년 후 17.7퍼센트에 불과하며, 심지어 2011년에는

음식점 창업자 10명 중 9명이 폐업했다는 것이다. 그러니 자영업자들 입에서 "장사가 암보다 무섭다"라는 이야기가 나오는 것도 당연하다. 실제로 우리나라 암환자의 5년 생존율이 60퍼센트다. 그 힘들다는 암에 걸려도 10명 중 6명은 5년 이상 산다는 이야기다. 그런데 장사 시작해서 5년 이상 버티는 사람은 10명 중 3명이 될까 말까 하니, 5년 생존율만 놓고 보면 영세 자영업자는 암환자의 절반에도 못 미치는 셈이다.

살아남기가 얼마나 힘이 들면 암보다 무섭다고 할까. 이 땅에서 자영업자로 산다는 것이 어떤 의미인지 뼛속 깊이 알기에, 이런 뉴스를 접할 때마다 안타깝기 짝이 없다. 그리고 우리 부부가 긴 세월 동안 굽이굽이 헤쳐온 길을 떠올리며 새삼 울컥해지곤 한다.

25년 전 아내 혼자 시작한 황제식당에서부터 우리 부부가 함께했던 행운정육점, 그리고 육류 도매와 가공을 했던 육일축산에 이어 지금의 초가집과 기와집에 이르기까지 우리 부부도 성공을 향해 25년을 하루같이 실로 지난한 사투를 벌여왔다. 천만다행으로 그 고생이 헛되지 않아 이제는 연매출 50억 남짓 자산 규모를 제법 갖췄고, 황송하게도 서민 갑부네, 현금 부자네 하는 소리까지 듣고 산다. 종종 사람들이 알은체를 하며 "부자시네요, 성공하셨어요" 하면 "덕분입니다, 고맙습니다" 하고 인사할 마음의 여유도 생겼다.

사실 우리가 스스로 성공했다고 생각하는 순간은 바로 이렇게 마음의 여유를 느낄 때다. 그것은 비단 돈이 많고 적고의 문제는 아니다. 원한다면 천만 원짜리 옷이라도 사 입을 수 있지만 그런 옷을 떨쳐입고 갈데도 없을 뿐더러 굳이 입고 싶은 생각도 없으니 만 원짜리 티셔츠 한장에도 당당할 수 있는 여유, 내가 좋아하는 사람들이 모인 자리에서는 밥값이 좀 비싸더라도 망설이지 않고 기분 좋게 한턱낼 수 있는 여유, 또 형편이 어려운 가족이나 지인의 속사정을 먼저 헤아려 도와줄수 있는 마음의 여유야말로 진정한 부자의 조건이 아닐까.

초가집, 기와집이 입소문이 나고 매스컴에 자주 오르내리면서 우리부부에게 도움을 청하는 사람도 많아졌다. 남 보기에는 이미 자리 잡을 만큼 잡았으니 사장이 할 일도 별로 없겠다, 직원들한테 맡기고 자기 가게에 와서 직접 살펴보고 고칠 점을 알려달라는 이야기다. 하지만 아무리 성공했다고 해도 우리에게 변함없는 1순위, 아니 0순위는 우리 가게를 찾아주는 손님이다. 일면식도 없는 우리에게 도움을 청할 때야 오죽 절박한 심정이겠는가마는, 그렇다고 차 끌고 멀리서 찾아오는 손님 제쳐놓고 와달라는 곳마다 일일이 가볼 수는 없는 노릇이다. 그런데 어렵게 시간을 내서 가보면 실패하는 집은 대부분 몇 가지 공통적인 문제를 안고 있다. 자연히 우리가 그분들에게 해줄 수 있는 조언도 거의 비슷하다. 우리의 경험에 비추어, 우리가 아는 범위 내에서 이야기할 수밖에 없기 때문이다.

그중에서도 빼놓지 않고 하는 이야기가 있다. 식당에서는 음식 맛이 만드는 사람 기분이나 컨디션 따라 달라져서는 안 된다. 그러니 정확한 레시피를 마련하고 항상 레시피대로 하라는 것이다. 그 레시피만 있으면 누가 만들어도 같은 맛이 나게끔 말이다.

성공도 마찬가지다. 성공으로 가기 위해서는 꼭 지켜야 할 레시피가 있다. 예를 들면 '1만 시간의 법칙' 같은 것 말이다. 그런 의미에서 이 책은 우리 부부의 '밥집 성공 레시피'라고 할 수 있다. 그동안 우리가 경험한 과정과 성공 노하우가 차곡차곡 담겨 있는 것은 물론이요, 도와달라는 부탁을 받고 여러 식당을 다녀보면서 느꼈던 실패 요인에 대해서도 담아 봤다.

그렇다고 이 책이 요즘 유행하는 '황금 레시피'나 '만능 레시피'는 결코 아니다. 언제 어디서나, 누구에게나 100퍼센트 적용되는 마법의 레시피가 어디 있겠는가. 다만 하루에도 수십, 수백 개씩 문을 열고 닫는 이 땅의 수많은 자영업자를 위해 부족하나마 우리의 경험을 나누고 싶은 것뿐이다. 하루 장사를 치르기 위해 얼마나 부지런해야 하는지, 얼마나 고된지, 또 얼마나 꼼짝없이 지켜 서 있어야 하는지 누구보다 잘 알기 때문이다. 기껏 돈 주고 사다 놨는데 찾는 사람 없어 시들어가는 재료들, 이제 좀 손발 맞는다 싶으면 그만두는 직원, 인건비 아끼려고 부부나 가족끼리 시작했다가 빚어지는 갈등, 시도 때도 없이 억장 무너지게 만드는 손님, 장사하면서 자녀를 키우는 일의 어려움…… 그 밖에도 식당 하는 사람이라면 겪을 수밖에 없는 다양한 문제를 과연 어떻게 대처하고 극복하면 좋을지, 우리 부부가 혹독한 수업료를 물어가며 터득한 노하우를 가감 없이 들려주고자 한다.

책을 시작하기에 앞서 제일 중요한 당부 한 가지가 남았다. 장사로 성공하고 싶다면 '지기지피(知己知彼)'를 하라는 것이다. 지피지기 아니냐고? 나도 처음에는 잘못 쓴 말인 줄 알았다. 그런데 이순신 장군이 《난중일기》에 이렇게 썼다고 한다.

"나를 알고 적을 알아야만 백 번 싸워도 위태롭지 않다."

《손자병법》의 '지피지기 백전불태(知彼知己 百戰不殆)'와 같은 말이지만 순서만 바뀐 셈인데, 우리는 이 이야기를 듣고 무릎을 쳤다. 지난 25년간의 경험을 통해 먼저 '자기 자신'을 제대로 알아야만 성공할 수 있다는 것을 뼈저리게 깨달았기 때문이다. 사람들은 흔히 이른바 '대박집'의 비밀을 알아내고 '비법 레시피'를 전수받으면 자기도 성공할 수 있을 거라고 생각한다. 하지만 안타깝게도 그렇게 해서 성공하는 경우는 극히 드물다. 순서가 바뀌었기 때문이다. 부부가 같이한다면 부부 각각의 장점과 단점, 은행이 아니라 자기 손에 쥐고 있는 자산, 자기 가게의 규모와 위치, 하고 싶은 것이 아니라 지금 당장 가장 잘할 수 있는 것 등을 먼저 꼼꼼히 따져봐야 한다. 자기 성찰, 자기 분석이 먼저 이루어진 다음에야 벤치마킹을 해도 제대로 할 수 있고, 자신의 장단점이나 형편에 맞춰 변형하거나 소화할 수 있기 때문이다.

앞으로 이야기하겠지만 우리 부부는 우리 자신에서 한 번도 벗어나 본 적이 없다. 우리가 할 수 있겠다 싶은 것은 아무리 힘들어도 더 잘하려 노력했고, 우리 체질에 안 맞는다 싶은 것은 손해를 입더라도 미련 없이 포기했다. 그렇게 우리 자신에게 충실히 살다 보니 어느덧 성공이 눈앞에 와 있었고, 그 덕분에 성공했다고 헛바람 들지 않고 우리 자신으로 남을 수 있었다고 믿는다.

어느 때보다 살기 힘든 시대라고들 한다. 그 와중에 먹고살기 위해 어렵사리 가게를 열었다면 성공해야 하지 않겠나. 오랜 망설임 끝에 이 책을 내놓은 것은 우리가 이렇게 성공했다고 자랑하려는 것도, 우리처럼만 하면 누구든 성공할 수 있다는 자신감이 있어서도 아니다. 다만 우리가 어떤 마음으로 장사를, 손님을, 직원을, 나아가 하루하루를 대했는지 말하고 싶었고, 그러한 삶의 태도가 성공이라는 선물을 가져다줬다는 믿음이 있었기 때문이다. 부디 우리의 이야기가 독자 여러분에게 시작할 수 있는 용기의 밑거름이 되기를, 그리고 지기지피를 잘해서 자영업이라는 전쟁터에서 꼭 승리하시기를 간절히 바란다.

서영열, 권순희

맑고 향기롭게, 연꽃 같은 삶을 꿈꾸는 이 부부가 사는 법

-방송작가 강의모-

유난히 무더웠던 지난 여름에도 초가집 기와집 연밭에는 아름다운 연꽃이 피었다. 무성한 잎들 사이로 고개를 내밀고 탐스러운 꽃망울을 터뜨린 자태를 보고 있노라면 탄성이 절로 나고, 연밭 한가운데 심어놓은 수양버들과 어우러진 모습은 그야말로 한 폭의 그림 같았다. 처음엔 여기가 무슨 연밥집인가 싶어 갸우뚱하기도 했고, 부부의 가게 메뉴와 연꽃이 무슨 관계가 있나 궁금증이 일기도 했다.

그도 그럴 것이, 매번 식당에 갈 때마다 주인장이라는 남편이 커다란 밀짚모자를 눌러쓰고 연밭에서 일을 하고 있는 것이 아닌가. 좋은 밥 한 끼를 통해 걸친 인연도 있고, 한여름 땡볕에서 구슬땀 흘리는 모습에 걱정도 보태지던 차, 슬쩍 뭘 그리 열심히 하시냐고 물었다. 주인장은 먼저 커다란 연잎에 탁주 한 사발부터 내어주고는 그간의 이야기를 들려주었다.

이야기인즉, 멀리 이곳까지 찾아오는 손님에게 더 좋은 주변 환경을 선사하고 싶었고, 연밭을 만들면 손님이 식사 전후에 산책하며 힐링이 될 수 있겠다는 생각에서 시작한 일이라고 한다. 하지만 막상 연밭을 만들고 바라보다 보니 정작 부부가 그 매력에 푹 빠지고 말았단다. 그리고 알면 알수록 그 꽃이 가진 깊고 매혹적인 의미에 완전히 마음을 빼앗긴 나머지, 점점 연밭 가꾸기에 매진하게 되었다는 것이다.

연꽃이 어떤 꽃인가. 진흙 속에서도 티 없이 맑은 본성을 지키고, 물이 닿아도 흔적을 남기지 않고 굴러 떨어지며, 아름다운 향기로 주변을 가득 채우니, 번뇌와 고통과 더러움으로 뒤덮인 세상에서도 고결함과 청정함을 잃지 않는 꽃이라 하여 불교에서는 그 의미가 특별하다. 효능은 또 얼마나 탁월한가. 연은 무엇이든 상대적으로 움직이게 하는 속성이 있어서 살찐 사람은 살이 빠지게 하고, 변비가 심한 사람은 변비를 없애 주며, 설사하는 사람은 설사를 막아 준다. 또 김치찌개에 들어가면 생지도 묵은지가 되게 하고, 김장을 담글 때 연을 넣으면 김치가 무르지 않으며, 삶아서 숨 죽은 콩나물에 연을 넣으면 아삭아삭하게 되살아난다. 게다가 하루만 지나면 물이 빠지는 오이소박이와 무채에 연근과 연근가루를 넣으면 한 달이 지나도 물기가 빠져나오지 않는다고 한다.

그래서 이 부부는 초가집과 기와집의 모든 음식을 연잎 우린 물로 조리하고, 연잎차도 무한 제공하고 있다. 그뿐만 아니라 누구든 자유롭게 연잎도 따 가고 연근도 캐 갈 수 있도록 했다. 이왕이면 손님들의 건강에도 도움이 되고, 연의 고운 향에 마음까지 평안해진다면 얼마나 보람 있는 일이냐며 말이다.

그렇게 연을 가까이 하다 보니 부부의 삶도 연꽃 같았으면 좋겠다는 바람을 갖게 되었다고 한다. 그리하여 세월이 흘러 노년이 된 어느 날, 서로를 바라보며 "우리, 그래도 이만하면 연꽃같이 살았지?" 하며 웃을 수 있다면 더할 나위 없겠다면서 말이다. 마침 연꽃을 따러 온 손님과 인사를 나누는 모습이 소탈하고 정겹다. 아름답고 향기로운 삶, 그리고 나누고 베푸는 삶은 얼마나 아름다운가. 남을 배려하는 이 부부의 마음 씀씀이가 커다란 연잎을 닮아 넉넉하고 참 곱다.

초가집

| 차례 |

지금까지 생각한 '성공의 정의'부터 다시 써라

반드시 성공한다는 각오로 시작하라

장사, 아무나 시작할 수 있지만 누구나 성공하는 건 아니다

'성공불패'란 성공의 가능성보다 실패할 가능성을 줄이는 것이다

때로는 빨리 포기하는 것도 성공의 비결이다

사람부자가 진짜 부자, 사람에 투자하면 망해도 남는다

내 돈보다 남의 돈 귀한 줄 알아야 성공한다

초가집 마님의 성공 레시피 사장은 가게의 가장 예쁜 인테리어다

PART
01

대한민국에서
'밥집 사장'으로
성공하기

지금까지 생각한
'성공의 정의'부터 다시 써라

성공이란 무엇인가?
성공이란 일에 대한 능력으로는 충분치 않을 때 열심히 일해야 한다는 자각,
그리고 뚜렷한 목표 의식이 혼합될 때 비로소 만들어지는 결과물이다.
- 마거릿 대처 -

아내는 어릴 때 읽었다는 금은보화가 달린 황금나무 이야기를 들려주곤 했다. 그 동화책을 읽으면서 자기도 이다음에 돈을 벌어 알뜰살뜰 모으면 금빛 꽃과 은빛 잎사귀가 무성한 황금나무가 생길 거라고 믿었다나. 그 말을 들은 나는 화수분 같은 작은 단지도 아니고 황금나무라니, 꼬마 소녀 치고는 스케일이 너무 어마어마한 거 아니냐며 웃었다.

하지만 곰곰 생각해보니 아내는 어릴 때부터 일종의 이미지 트레이닝을 했던 것 같다. 운동선수들이 훈련을 할 때 머릿속으로 실제 경기 상황을 떠올리면서 연습하는 것처럼 말이다. 아내는 막연히 '부자가 되겠다'가 아니라 황금나무라는 구체적인 상을 머릿속에 그렸고, 그만큼 다른 사람들보다 자신의 꿈을 이루고자 하는 동기부여가 더욱 단단해질 수 있었던 것 아닐까.

내 꿈도 크게 다르지 않았다. 어릴 때부터 항상 부자가 되는 것이 꿈이었다. 그 이유는 지극히 단순했다. 쌀밥 한번 원 없이 먹는 것이 소원이었던 시절이기 때문이다. 그 당시 아이들의 꿈은 좀 거창하다 싶으면 대통령이나 과학자고, 나머지는 대개 빵집 주인이나 중국집 사장이었다. 모두 1960~70년대 가난한 시절의 이야기다. 황금 꽃을 피우겠다는 거창한 꿈을 품었던 아내조차 잘 먹어서 뚱뚱한 남자랑 결혼하겠다는 것이 또 다른 꿈이었으니 말해 무엇하랴. 그만큼 가난한 시절이었고, 누구 할 것 없이 어려운 환경이었다.

그랬던 우리 부부가 최근 몇 년 사이에 방송이나 각종 매체에 소개되면서 자주 듣는 말이 있다.

"성공하셨네요!"

"성공하려면 어떻게 해야 합니까? 비결 좀 알려주세요."

보는 사람들마다 이렇게 말하니 '우리가 정말 성공했나?', '다들 우리가 성공했다고 하는데 과연 성공의 의미가 뭘까?' 하고 새삼 돌아보게 되었다. 우리가 밥장사를 하면서 벌어들이는 연매출이나 매년 성장하는 사업장의 규모를 본다면 성공한 것이 맞는 듯하다. 하지만 우리 부부에게 성공의 의미란 그저 돈을 많이 벌었다는 것과는 조금 다른데, 대략 세 가지로 정리해볼 수 있다.

첫째, 지금 당장 돈 때문에 못 하는 일이 없어야 하고, 적어도 남들에게 아쉬운 소리는 하지 않고 사는 것이다.

요즘은 빚도 자산이라며 큰 부자들도 빚이 많다는데, 우리는 지금까지 남의 돈으로 살아본 적이 없다. 집을 사거나 가게를 늘려야 하는데 돈이 부족하다며 주위에 손을 벌린 적이 없는 것은 물론이고, 그 흔한 은행 대출 한번 받은 적도 없다. 없으면 없는 대로, 가진 돈 안에서 모든 것을 해결하는 것이 순리라고 믿었기 때문이다. 가진 것이 너무 없어서 쌀밥 한번 배불리 먹는 것이 소원이었던 내가 자식들에게만은 가난을 물려주지 않으리라 결심하고, 단 하루도 게으름 피운 적 없이 노력한 결과 남에게 큰 신세 안 지고 살 수 있었다. 그렇게 살아오다 보니 어느 순간 "서영열, 권순희! 성공했네!" 하며 우리끼리 대견해하는 날도 오게 되었다. 그렇다고 우리 생활이 달라졌는가 하면 그렇지는 않다. 여전히 우리는 천 원 한 장 허투루 쓰는 법이 없고, 우리가 할 일을 남에게 미루거나 노는 일에 앞장서는 일도 없다. 그저 우리 네 식구 편안히 발 뻗고 잘 수 있는 집이 있으니 됐고, 아침에 눈 뜨면 나와서 일할 수 있는 일터가 있으니 좋고, 그 안에서 오는 사람은 반갑게, 가는 사람은 정답게 인사 나누며 하루하루 즐겁고 열심히 사는 것에 만족할 뿐이다.

둘째, 경제적으로 화려하게 누리는 삶이 아니라 소박하더라도 돈으로부터 자유로워지는 삶이다.

태어나서 가난한 것은 나의 책임이 아니지만 죽을 때 가난한 것은 오로지 나의 책임이라는 말이 있다. 그 말을 가슴에 새기며 열심히 산 덕분에 이제는 제법 단단한 기반을 닦아서 어릴 때 아내가 꿈꿨던 황금나무를 작은 화분 하나 크기로는 갖게 됐다. 하지만 여전히 우리는

10만 원짜리 거한 밥보다는 만 원짜리 밥을 열 번 먹는 게 소화가 더 잘되고, 그 돈으로 열 명이 함께 먹는 게 훨씬 더 행복하다. 돈 쓰는 맛을 몰라서가 아니다. 누군가는 쓰기 위해 번다고들 하지만, 그보다는 우리 삶이 더 이상 돈 때문에 휘둘리지 않고 돈으로부터 자유로워졌다고 느낄 때 행복감을 느끼는 것뿐이다. 더 나아가 남에게 도움이 되어줄 수 있는 삶이 보다 더 가치 있고 진정한 성공 아닐까? 적어도 우리 부부는 그렇다. 많이 벌 때나 못 벌 때나 도움이 필요한 사람들에게 힘이 되고, 우리가 나눠서 덕이 된다면 그것으로 족하다고 생각하며 살아왔다.

셋째, 우리가 하는 일을 사랑하고 자부심을 느끼는 것이다.

폴 포츠라는 영국 가수가 있다. 몇 년 전에 아들 녀석이 휴대폰으로 그의 동영상을 보여준 적이 있는데, 매력이라곤 찾아볼 수 없는 외모에 실망한 것도 잠시, 그가 노래를 하는 순간 벌어진 입을 다물 수가 없었다. 그가 내한 공연을 왔다가 어느 신문과 인터뷰를 하면서 이런 말을 했다.

"자신의 일을 사랑하는 사람이 성공한 사람이다. 무슨 차를 모느냐, 집이 몇 평이냐는 상관없다. 자신이 하는 일을 사랑하는 것이 성공의 첫걸음이다."

정말 멋진 말 아닌가? 우리 부부는 종종 다음 생에 태어나더라도 장사를 하겠다고 이야기하곤 한다. 우리가 제일 '잘 아는' 일도, 제일 '잘하는' 일도 장사이기 때문이다. 아는 만큼 보이고 보이면 사랑하게 된다는 말이 있듯이, 우리는 밥집 사장이라는 타이틀을 사랑하고 또 자랑스러워한다.

얼마 전에 지인에게 선물로 줄 과일을 사러 갔을 때의 일이다. 우리를 유심히 살펴보던 주인이 "혹시 식당 하세요?"라고 물어보는 것이 아닌가. TV에서 봤겠거니 했는데 그게 아니었다. 우리가 과일을 고르는 모습만 보고 짐작했다는 것이다. 그 말을 듣고 나는 활짝 웃으며 "맞아요! 고맙습니다"라고 대답했다. 밥집 사장한테 밥집 사장처럼 보인다고 하니 얼마나 고마운 말인가. 돈을 벌고 유명세 좀 탔다고 해서 더 대단한 일을 하는 사람처럼 보이고 싶은 마음은 정말이지 눈곱만큼도 없다. 오히려 딱 봐도 밥집 사장이라고 얼굴에 쓰여 있다면 그만큼 내 직업에 충실하게 살아왔다는 뜻이니, 이것이야말로 성공했다는 증거 아닌가.

지금 이 글을 읽고 있는 당신의 성공 기준은 무엇인가? 사람은 생각이 바뀌면 행동이 바뀌고, 행동이 바뀌면 인생이 달라진다고 한다. 자기만의 성공 기준을 세우고, 이왕이면 좀 더 구체적으로 그림을 그려보자. 그러면 당신이 생각하는 성공을 위해 무엇을 먼저 해야 할지가 떠오를 것이고, 그렇게 하루하루 나아가다 보면 머릿속으로만 그리던 성공이 마침내 제 모습을 드러낼 날이 올 것이다.

반드시 성공한다는
각오로 시작하라

성공하려면 실패해야 한다.
그래야 다음번엔 무엇을 더 잘해야 할지 안다.
- 앤서니 디앤젤로 -

2015년 4월 어느 날, 오전 11시가 조금 넘으면서부터 식당이 북새
통을 이루더니 들어오는 손님마다 눈으로, 말로 반갑게 알은체를 한
다. 오늘따라 웬 점심을 이렇게 일찍 드시나 했는데 알고 보니 전날
방송을 보고 우리 가게를 찾았다는 것이다. 그전에도 몇 차례 방송에
소개된 적이 있지만 이 정도 반응은 처음이기에 우리는 다소 어리둥
절했다. 그도 그럴 것이, 전날 방송은 '맛집' 소개가 아니라 우리 부부
가 살아온 이야기를 다룬 프로그램이었기 때문이다.

처음 출연 제의가 왔을 때 아내와 나는 적잖이 망설였다. '서민갑
부'라는 거창한 타이틀로 나가는 것도 부담스럽거니와, 전 국민을 상
대로 성공했다고 자화자찬하는 것 같아 영 어색하고 쑥스러웠기 때문
이다. 하지만 우리 부부가 땀과 노력으로 일궈낸 성공 스토리가 자영
업을 하고 있거나 준비 중인 사람들에게 희망을 줄 수 있다면 그도 보

람 있는 일이겠다 싶어 어렵게 결심을 굳혔다.

그렇게 방송이 나간 바로 다음 날부터 수많은 분들이 우리를 찾았다. 음식맛이 아니라 사람을 보러 멀리 울산, 제주에서도 찾아왔고 장사 비결을 알려달라, 자기 가게에 제발 한 번만 와달라는 전화가 사방에서 걸려 왔다. 게다가 늘 오던 손님들도 방송 잘 봤다며 인사를 건네고, 함께 사진을 찍자고 하거나 심지어 팬이 됐다는 분들까지 생겨났다. 자고 일어나니 스타가 됐더라는 말을 우리 같은 장사꾼이 실감하게 될 줄이야 누가 알았겠는가.

한번은 이른 점심부터 찾아와 식사를 하고 저녁까지 두 끼를 시켜 드시더니, 다음 날에는 우리에게 저녁 대접을 하겠다는 분이 있었다. 우리 가게에서 손님에게 얻어먹을 수는 없다며 한사코 사양했는데도 기어이 장어를 사주었는데, 이후에도 그분의 방문은 몇 차례나 더 이어졌다. 알고 보니 그분은 유명 프랜차이즈 사업으로 성공한 CEO였다. 전국에 수많은 가맹점을 거느리고 있고, 매출도 당연히 우리와 비교할 수 없을 만큼 높을 터였다. 그러나 규모만 클 뿐 실속은 없고 늘 인건비 때문에 허덕인다며, 혹시 자신이 놓치고 있는 것은 없는지 배우러 왔다고 하는 것이 아닌가.

사람들이 자주 물어보는 우리의 성공 비법 중 하나를 귀띔하자면 바로 인건비 절약이다. 어느 분야나 그렇지만 특히 장사에서는 인건비가 성공을 좌우한다고 해도 과언이 아니다. 우리가 장사하는 모습을 직접 보고 배우겠다며 아침부터 문 닫는 시간까지 지켜본 사람들은 하나같이 입을 떡 벌리곤 한다. 그리고 이렇게 묻는다. "그 인원으로 그 정도 매출이 어떻게 가능합니까?" 우리 가게의 규모와 손님 수, 그리고 일하는 직원 수와 매출을 비교해 보면 도저히 말이 안 되기 때문이다. 하지만 보통 사람은 생각도 못하고 엄두도 못 낼 일을 우리는 해왔다.

이 모두가 하나부터 열까지 불필요한 소모를 없애기 위해 치밀하게 계산에 계산을 더한 결과였다. 우리는 장사를 처음 시작한 날부터 오늘까지 단 하루도 대충 넘어가본 적이 없다. 우리가 가진 거라곤 몸뚱이 하나뿐, 가진 게 너무 없어서 망하면 안 되는 사람들이었기 때문이다. 수단이 좋아서 실패한 적이 없는 게 아니라, 가진 게 없으니 어떻게든 망하지 않기 위해 철저히 계획하고 준비하고 노력했을 뿐이다.

방송이 나간 후 답지한 주변의 격려와 응원도 물론 감사한 일이지만, 무엇보다 그동안 쏟아온 노력의 가치를 인정받은 것 같아서 기분이 좋았다. 정말로 우리는 곁눈질이나 손쉬운 타협 한번 없이, 오롯이 우리의 땀으로만 오늘을 만들었다고 감히 자신할 수 있다. 그래서 방송(〈독한인생 서민갑부〉)에 나온 다른 출연자들의 사연을 볼 때마다 짠한 마음이 앞선다. 그들은 저 자리에 가기 위해 얼마나 많은 노력과 희생을 했을까 싶어 남의 일 같지 않기 때문이다. 또한 그들을 보면서 한 가지 공통점을 발견했다. 큰 부자를 꿈꾸기보다 현재에 충실하면서 자기 자신의 노력과 계획으로 미래를 준비하는 사람들이라는 것이다. 그리고 그런 사람들의 진심은 항상 통하게 돼 있다.

성공은 아무에게나 쉽게 주어지는 열매가 아니라고 했다. 집에서 작은 꽃나무 하나 키워 꽃을 보기도 힘든데, 하물며 금은보화가 열리는 황금나무를 키우려면 얼마나 많은 정성과 노력을 기울여야 하겠는가. 성공이라는 열매는 수도꼭지를 틀면 쉽게 얻어지는 물이 아닌, 자신의 짜디짠 피눈물을 쏟아줘야 겨우 자라는 나무에서만 열린다. 당신은 그 열매를 키우기 위해 땀과 눈물을 쏟을 각오와 준비가 돼 있는가?

장사, 아무나 시작할 수 있지만
누구나 성공하는 건 아니다

사업의 비결은, 다른 사람들은
아무도 모르고 있는 무엇인가를 아는 것이다.
- 아리스토텔레스 오나시스 -

가슴속에 사표를 품은 직장인들의 마지막 보루이자 은퇴 후 인생 2막의 시작이었던 창업 시장이 무너지고 있다. 창업한 자영업자 10명 중 7명이 5년 안에 문을 닫는가 하면 50대 이상의 자영업자 과반수가 월 100만 원의 수익도 못 올린다고 하니, 장사로 돈 벌기가 하늘의 별 따기만큼이나 어려운 세상이 되었다. 그러다 보니 앞서 말했듯이 난처한 전화가 많이 온다. 한 번만 와서 자신들의 메뉴 개발도 도와주고 실패 원인도 찾아달라는 것이다. 때로는 전화기 너머에서 느껴지는 간절함 때문에 차마 거절할 수가 없어서, 밥시간임에도 가게를 비우고 달려가곤 한다.

한번은 이천에서 장사하는 분에게 연락이 왔다. 어찌어찌 가게를 열긴 했으나 하나에서 열까지 난감하다는 호소에 안 가볼 도리가 없었다. 수원에서 이천까지 한 시간을 달려 도착한 가게는 유명 체인점이었는데, 주방부터 들어가 보니 제일 먼저 떡하니 전자레인지가 눈에 띄었다. 반조리된 음식을 전자레인지에 데워서 낸다는 뜻이었다. 그 다음으로는 탁자에 앉아 상차림을 살펴봤다. 아무리 해장국이지만 깍두기 하나, 김치 하나가 전부인 성의 없는 밥상이었다.

식당을 하면서 우리가 가장 중요시하는 것은 음식의 신선도다. 신선한 재료로 바로 조리해서 올린 음식과 냉동된 반조리 음식은 경쟁이 될 수 없다. 여기에 집 앞 텃밭에서 뜯어다 무친 제철 나물 한 가지만 더 상에 놔도 손님은 단박에 그 차이를 느낀다. 우리 경험상 안 되는 집에 가보면 이와 같이 그만한 이유가 있다.

또 한번은 수원에서 장사하는 분이 조리 비결 좀 가르쳐달라고 사정을 해왔다. 하도 간곡히 부탁하기에 우리 가게로 오라고 했다. 그러자 같은 지역에서 장사하는 경쟁 상대인데 다 가르쳐주면 어떡하냐고 걱정하는 사람들이 많았다. 심지어 제정신이냐며 버럭 화를 내는 사람도 있었다. 하지만 우리는 개의치 않았다. 우리가 도와서 누군가 잘될 수 있다면 그만한 보람도 없을 것 같았기 때문이다. 그래서 그분 직원들을 다 데려다 우리 주방에서 일을 배우게 하고 우리 레시피까지 내줬는데, 불과 두 달 만에 폐업 수순을 밟고 말았다.

똑같은 방식에 똑같은 레시피, 그런데 우리는 성하고 그들은 망했다. 왜일까? 그 차이는 대략 세 가지로 요약할 수 있다.

첫째, 가게 위치와 특성에 대한 사전 분석을 철저히 했느

나다.

우리 가게는 논두렁 한가운데에 덩그러니 있다. 목으로 따지면 최악의 입지라고 할 수 있다. 그 대신 주차 공간이 충분하니 손님들이 차를 가져오기가 편하고, 차를 타고 여기까지 이동할 때에는 가족 단위이거나 모임을 위해 찾는 경우가 많다. 이처럼 가장 먼저 자기 가게 위치에 대한 정확한 분석이 이루어져야 한다. 입지상의 특성은 무엇이고 주차 공간은 어느 정도 확보할 수 있는지, 주 고객층이 20대인지 50대인지, 혹은 연인이나 친구끼리 많이 찾을지 가족이나 모임이 많을지, 그에 따라 인테리어는 어떤 분위기로 연출할 것인지 등 자신에게 주어진 여건에 대해 철저한 사전 조사와 계획이 필요하다는 이야기다.

둘째, 최적의 레시피를 개발하고 그 레시피를 철저히 지키느냐다.

주변에서 음식 장사를 시작하려는 사람들을 보면 본인이나 가족 중 한 명이 음식에 일가견이 있다고 말하는 경우가 많다. '우리 어머니 솜씨면 대박은 떼어놓은 당상이지', '내 손맛 정도면 뭐~'라며 자신감에 차 있는 것이다. 그런 말을 들을 때면 한편으로는 용기가 가상하기도 하고, 또 한편으로는 막상 식당을 차린 후에 겪을 시행착오가 눈에 보여 안쓰럽기도 하다. 아무리 손바닥만 한 식당에 단출한 메뉴라 할지라도 일단 손님에게 돈을 받고 음식을 판다는 것은 그렇게 만만한 일이 아니다. 당신이 자신하는 장모의 음식 솜씨는 당신 입에만 맛있을 가능성이 높고, 당신 입에 아무리 맛있어도 고객이 원하는 기준에 미치지 못하면 외면받을 수밖에 없다.

우리도 처음에 보리밥을 주 메뉴로 초가집을 시작할 때에는 보리밥에 대해 아무 기술도 경험도 없는 상태였다. 그래서 같은 메뉴로 대박이 난 식당에 꼬박 보름간 출퇴근을 하면서 직접 몸으로 배웠다. 일은 말로 백 번 듣는 것보다 한 번 몸으로 익혀보는 것이 가장 확실하기 때문이다. 그렇게 열심히 배워서 장사를 시작했건만 점심때는 손님들로 북적거리다가도 저녁이 되면 마치 썰물 빠져 나간 듯 썰렁했다. 다른 대책이 필요하다고 생각했다. 고민 끝에 다시 찾은 메뉴가 낙지였고, 손님이 많든 적든, 우리 컨디션이 좋든 나쁘든 항상 변함없는 맛을 지키기 위해 최적의 레시피를 개발했다.

레시피란 언제 어떤 상황에서도 반드시 지켜져야 할 맛에 대한 설계도다. 우리는 시행착오를 거듭한 끝에 현재의 레시피를 찾아냈고, 맛집으로 소문이 난 만큼 이미 검증된 레시피라고 할 수 있다. 그런데 앞서 말한 수원에서 온 분은 채소가 좀 많은 것 같으니 100그램쯤 덜어내면 어떠냐며 그게 무슨 차이가 있겠냐고 했다. 채소 100그램이 빠지면 양념도 그 비율만큼 빠져야 한다. 아주 작은 차이 같지만 결과는 분명하다. 재료 수급 여하에 따라, 재고량에 따라, 혹은 음식 만드는 사람 컨디션에 따라 임의대로 넣고 뺀다면 그것은 이미 레시피가 아니다.

셋째, 장사에 임하는 주인의 자세다.

위치도 좋고 맛도 있는데 장사가 안 된다면 남은 이유는 무엇일까? 십중팔구 주인에게 문제가 있기 때문이다. 이렇게 말하면 "뭐라고? 내가 새벽부터 밤까지 가게 지키느라 얼마나 고생했는데!"라고 항변하는 이들도 있을 것이다. 그러나 찬찬히 생각해보라. 당신이 생각하는 주인의 역할은 어떤 것인가? 카운터 앞에서 손님을 맞이하고, 종업원이 제대로 일을 하는지, 주문은 잘 들어가고 음식은 제때 나오고 있는지 감시하는 것인가? 천만에! 주인이 그 정도 해서 성공할 수 있다면 대한민국에 성공하지 못한 식당은 한 군데도 없을 것이다.

주인은 하나에서 열까지 가게 안에서 벌어질 수 있는 모든 상황에 대비할 수 있어야 한다. '그래도 내가 사장인데'라며 카운터만 지키면 된다는 식의 생각은 망하는 지름길이다. 오히려 정반대로 자세를 낮춰 손님과 눈높이를 맞추고, 어느 직원보다 먼저 움직일 수 있어야 한다. 요식업은 철저한 서비스업이며 장사란 가장 강도 높은 감정 노동이다. 손님과의 교감이 가장 중요하다는 뜻이다. 좋아하는 여자 마음하나 사로잡기도 어려운데, 하물며 나에게 돈을 내는 손님의 마음을 사로잡으려면 얼마나 많은 노력이 필요하겠는가.

장사는 누구나 시작할 수 있지만 성공은 아무나 하는 것이 아니다. 그만큼 엄청난 땀과 노력, 그리고 손톱만큼의 빈틈도 없이 치밀한 계산이 더해져야 한다. 눈대중으로 대충 넣어도 맛깔스러운 엄마의 집밥은 그 가족이 먹어야 맛있다. 쳐다보지 않고 툭툭 떼어내도 단 1밀리미터, 1그램의 오차도 없는 달인이 되기까지, 밥 짓는 일도 손님 대하는 일도 모두 살피고 또 살펴봐야 한다. 그래야 자신만의 성공 레시피를 만들 수 있는 것이다.

'성공불패'란 성공의 가능성보다 실패할 가능성을 줄이는 것이다

만일 성공할 가능성이 1퍼센트라면,
결국 성공은 나머지 99퍼센트의 실패를 얼마나 빨리 소진하느냐에 달려 있다.
- 앤서니 로빈스 -

우리 부부는 결혼할 때 처음부터 한 가지 약속을 했다. 어떤 상황에서도 절대로 욕심내지 말고 우리가 가진 한도 내에서만 살자는 것이었다. 수중에 돈이 없는데 먹고 싶고 갖고 싶은 게 있다고 해서 남의 돈을 빌리거나 외상을 하는 일은 결코 하지 말자는 뜻이었다. 우리가 흔쾌히 그 약속을 할 수 있었던 것은 다행히 둘 다 그렇게 살아온 사람이기 때문이었다. 그래서 우리가 가진 돈 전부였던 1,300만 원으로 신혼방을 구했고, 사소한 빚도 지지 않겠다는 생각에 당시 한창 유행하던 할부 가전제품 하나 들여놓지 않았다. '없으면 없는 대로 살자'가 우리의 모토였던 것이다.

방송에 나가고 대박집으로 소문이 나면서 사람들은 우리를 실패를 모르는 백전백승, 장사의 신이라 부르기 시작했다. 장사의 신까지는 모르겠지만 지금까지 한 번도 실패해본 적이 없다는 말은 사실이다.

왜냐, 우리에게는 실패할 여유조차 없었기 때문이다. '멋진 실패에 상을 주고 평범한 성공에 벌을 주라'는 말이 있다. 얼핏 듣기에는 근사한 말이지만, 가진 게 너무 없는 우리 같은 사람에게는 사치스러운 이야기다. 실패든 성공이든 뭔가를 시도할 기회 자체가 많지 않은 데다, 한 번 실패하고 나면 그대로 끝이기 때문이다.

지금 자영업을 시작하려는 대다수의 사람들이 그렇지 않을까. 얼마 되지도 않지만 가진 것 모두를 쏟아 부으며 온 식구의 생계를 걸고 올인해야 하는 처지인데, 만에 하나 실패하게 된다면 그 뒷감당은 어찌할 것인가. 우리도 마찬가지였다. 그렇기 때문에 뭔가를 시작하거나 결정할 때에는 그 과정에서 벌어질 수 있는 경우의 수를 하나에서 열까지 따져 보고, 그 각각의 경우에 대한 대안까지 만들어놓은 뒤에 움직일 수밖에 없었다. 그렇게 치밀하게 계산하고 준비한 덕분에 실패율을 낮출 수 있었던 것이다.

그다음으로 중요한 원칙이 절대 무리하지 않는 것이다. 전세금을 못 올려줘서 쫓겨나다시피 처음 식당을 차릴 때에도 턱없이 적지만 우리가 가진 돈 안에서 해결을 했다. 자연히 가게는 작고, 위치는 경사진 비탈길. 가게에 딸린 손바닥만 한 방에서 세 식구가 먹고 자면서 테이블 서너 개 놓고 설렁탕집을 시작했다. 만약 은행에서 대출을 받았다든지 가족이나 지인들에게 손을 벌렸다면 전세금을 올려주고 그냥 살았을 수도 있고, 이왕 하는 장사, 좀 더 목 좋은 곳에 번듯하게 차려놓고 시작할 수도 있었을 것이다. 많은 사람들이 첫 출발을 그렇게 하니까.

하지만 우리는 그러지 않았다. 은행돈이건 남의 돈이건 빚을 낼 생각 자체를 하지 않았다. 우리가 가진 돈 안에서만 시작한다면 만에 하나 다 잃게 된다고 해도 아무것도 없었던 원래 상태로 돌아가는 것뿐, 마이너스가 되는 것은 아니기 때문이다. 그 생각은 지금도 변함이 없다. 그래서 우리에게 자문을 구하러 오는 분들에게 절대 빚내지 말라는 말을 꼭 하는데, 어떤 분은 말뜻을 금세 알아듣고 수긍하는 반면 어떤 분은 누군 빚지고 싶어서 빚을 내나 하는 표정이다. 그 절박함을 우리도 모르는 바가 아니다. 오히려 누구보다 잘 알기에 감당할 수 없는 위험 요소를 아예 만들지 말라는 뜻이다.

처음 장사를 시작했던 25년 전, 가진 것 없이 일단 식당을 열어놓고 나니 그야말로 하루하루가 벼랑 끝에 서 있는 기분이었다. 막 문을 연 식당이 입소문 날 리 만무한 데다 위치도 안 좋고 가게라고 번듯하지도 않았으니, 가만히 앉아서 제 발로 찾아오는 손님만 목 빼고 기다리다가는 영영 답이 없을 것 같았다. 오는 손님은 손님대로 받으면서 수익을 낼 수 있는 다른 판로가 필요했다. 궁하면 통한다고, 그때 눈에 띈 것이 인근의 학교였다. 지금이야 학교마다 급식 시스템이나 구내식당이 잘되어 있지만 당시만 해도 점심은 각자 해결해야 했다. 교사들 중에는 도시락을 싸오는 분도 있지만 밖에서 해결하거나 배달을 시키는 경우가 많았다. 우리는 그분들을 대상으로 점심마다 밥을 해서 날랐다. 그렇게 안면을 익힌 선생님들이 수업을 마치고 나서 오후

4시 반이면 우리 가게로 와 갈비에 소주까지 팔아주니 매출에도 큰 도움이 되었다.

이 경험은 무조건 손님을 식당 안으로 오게 해야 한다는 생각을 바꾼 계기가 되었다. 중국집 말고는 배달이 드물던 때라 가게 밖 손님들을 찾아가기로 마음먹고 시야를 넓혔다. 마침 군포 일대에 다세대주택 신축 붐이 일던 때라 인근 공사장을 찾아다니면서 인부들의 점심 주문을 받았다. 그 덕분에 가게는 손바닥만 했지만 매출은 썩 괜찮은 편이었다.

물론 고생은 이루 말할 수 없었다. 하루에 눈 붙일 수 있는 시간이 서너 시간도 안 됐고, 일주일은 고사하고 한 달에 하루도 맘 편히 쉬지 못했다. 아니, 식구가 더 늘기 전에 기반을 잡아놔야 한다는 생각 때문에 쉴 수가 없었다. 새벽같이 장을 봐서 설렁탕 끓이고 반찬 만들어 점심 준비를 하다 보면 아침 시간이 훌쩍 지나갔다. 리어카에 점심을 바리바리 싣고 학교로 공사장으로 직접 배달을 다니고, 돌아와서는 가게에서 점심 장사를 했다. 점심 장사 마치면 뒷정리를 하고 바로 저녁 장사 준비를 해야 하니 쉬려야 쉴 틈도 없었다.

그래도 힘든 줄 모르고 정말 열심히 일했다. 우리가 움직이는 만큼 결과가 생긴다는 성취감도 컸지만, 무엇보다 한 발만 잘못 디뎌도 벼랑 끝으로 떨어질 것만 같은 위기감 때문이었다. 더 이상 물러설 곳이 없는 사람은 두려울 것도 없는 법이다. 그때 우리가 바로 그랬다. 비빌 언덕 하나 없는 두 사람이 만나 전세금도 못 올려줘서 쫓겨난 마당이었으니 더 이상 물러설 곳이 없었다. 그래서 죽기 살기로 노력했고, 단 한 번의 실패조차 할 여유가 없기에 한 걸음 한 걸음 빈틈없이 계획하고 준비하며 나아갔던 것이다.

소박하게는 아이들이 방학 중 생활 계획표를 만들어놓고도 개학 직전에야 허겁지겁 밀린 일기와 방학 숙제를 해치우는 이유, 좀 거창하게는 선거 때 정치인들이 내거는 공약(公約)이 공약(空約)으로 그치고 마는 이유를 아는가. 사람들이 자신의 계획을 과소평가하거나 자신의 능력을 과대평가하기 때문인데, 어려운 말로 '계획 오류'라고 한단다. 누구나 처음 계획을 세울 때에는 의욕에 넘치고, 따라서 모든 계획은 낙관적일 수밖에 없다. 실패를 계획하는 사람은 없지만 결국 대부분이 실패하는 이유도 바로 그 계획 오류 때문이다.

그러니 우리가 그랬듯이, 실패할 여유가 없는 사람들은 희망과 낙관에 기대어 계획을 세워서는 안 된다. 그리고 만에 하나 실패하더라도 돌이킬 수 없을 지경까지 가지 않으려면 절대로 자기가 가진 것 이상으로 시작해서는 안 된다. 이 두 가지 원칙을 지키면서 죽기 살기로 노력한다면 실패할 까닭이 없지 않겠는가.

'멋진 실패에 상을 주고 평범한 성공에 벌을 주라'는 말이 있다. 얼핏 듣기에는 근사한 말이지만, 가진 게 너무 없는 우리 같은 사람에게는 사치스러운 이야기다. 실패든 성공이든 뭔가를 시도할 기회 자체가 많지 않은 데다, 한 번 실패하고 나면 그대로 끝이기 때문이다.

때로는 빨리 포기하는 것도
성공의 비결이다

포기해야겠다는 생각이 들 때야말로 성공에 가까워진 때이다.
-밥 파슨스-

장사에서 성공과 실패를 판가름하는 기준은 무엇일까? 당연히 이익을 많이 남겼는가, 아니면 손해를 봤는가일 것이다. 그럼 이익을 남긴 것도, 그렇다고 손해를 본 것도 아니라면 그것은 성공일까, 실패일까? 물론 성공이라고 할 수는 없지만 그렇다고 실패로 보기도 애매하지 않을까?

이 장을 시작할 때 우리의 조금은 남다른 성공의 정의에 대해 이야기했었는데, 우리 부부가 생각하는 실패의 기준도 일반적인 잣대와는 조금 다르다. 다들 우리는 실패한 적이 없다고 생각하지만 우리라고 왜 실패가 없었겠는가. 인생길 굽이굽이 크고 작은 실패의 경험이 수두룩하지만 우리가 실패라고 인정하지 않는 것뿐, 냉정하게 따져보면 실패가 맞다.

군포에서 정육점을 할 때였다. 둘이 함께 뛰다 보니 그때도 장사는 아주 잘됐다. 그래서 여세를 몰아 큰 판에서 일을 벌이면 더 큰 수익이 돌아올 거라는 자신감에 신축 대형마트의 정육 코너를 낙찰받았다. 만약 실패한다면 기둥뿌리가 흔들릴 만큼 어마어마한 비용이 들어가는 모험이었다. 그럼에도 승부수를 던진 것은 인천 시내 한복판에 들어서는 대형 마트라 수익에 관한 한 의심의 여지가 없을 만큼 좋은 입지였기 때문이다.

하지만 우리가 미처 예상 못 한 것이 있었으니, 바로 입점 업체에 대한 대형 마트의 통제였다. 도무지 우리 식대로 영업할 수 있는 구조가 아니었던 것이다. 게다가 무슨 이유에선지 그 입지 좋은 마트에 손님이 들지를 않는 것이 아닌가. 이미 큰 판에 대한 기대로 막대한 자금을 투자한 상태에서 우리는 심각한 선택의 기로에 놓였다. 희망이 보일 때까지 계속 갈 것인가, 아니면 빨리 손을 털고 나갈 것인가. 고냐 스톱이냐, 둘이 머리를 맞대고 아무리 궁리해도 쉽게 답이 나오지 않았다. 그만큼 우리가 걸었던 기대도, 들어간 자금도 컸기 때문이다.

고민을 거듭한 끝에 우리는 딱 두 달만 더 해보고 안 되면 접자는 결론을 내렸다. 마트에 손님이 없는 것도 심각한 문제였지만, 그보다 영업 방식을 마트 측의 통제에 따라야 한다는 것이 우리와는 영 맞지 않았다. 사전에 그토록 치밀하게 계산하고 조목조목 따져봤는데도 내부 시스템에 대한 정보 부족으로 생각지 못한 난관에 부딪힌 셈이었다. 아무튼 두 달 뒤에도 상황은 마찬가지였고, 우리는 뒤도 돌아보지 않고 인수자를 찾아 헐값에 넘기고는 손을 털었다.

생각해보면 작고 허름한 식당으로 시작해서 다 망해가는 정육점을 인수해 나름 눈에 띄는 성과를 내고 있던 시기였기에 좌절감이 더 컸던 것 같다. 사실 우리는 정육점 하나만 할 때도 하루에 두어 시간 자면서 일을 했다. 매장에서 고기만 파는 것이 아니라 잔치용이나 단체 주문으로 수육이 들어오면 100인분이든, 500인분이든 삶고 썰고 배달하는 것까지 우리 둘이 다 했다. 다른 사람 손 빌리지 않고 그 많은 일을 둘이서 감당하려니 잠도 못 자고 몸은 고단하기 이를 데 없었다. 그렇게 가뜩이나 부족한 시간을 더 쪼개가며 준비한 일이었고, 새벽잠 설쳐가며 모은 피 같은 돈을 투자한 터였다. 그런 돈을 미래에 대한 꿈과 함께 단박에 날리게 됐으니 얼마나 속이 쓰렸겠는가. 우리에게는 크나큰 손실이었고, 일반적인 기준으로는 실패임이 분명했다.

그나마 다행스러운 것은 정육 코너를 낙찰받기 위해 빚을 지거나 대출을 받지 않았다는 점이다. 결혼할 때 했던 약속, 즉 '우리가 가진 한도 내에서'라는 원칙을 지켰기 때문이다. 물론 결과적으로 큰 손해를 보기는 했어도, 가진 것을 다 잃거나 그로 인해 삶이 뿌리째 흔들릴 정도는 아니었다. 우리도 사람인지라 두고두고 속은 쓰렸지만 그때 빨리 포기한 것을 후회한 적은 없다.

우리 생각은 그렇다. 어떤 일이든 하다 보면 틀어지기도 하고 실수가 생길 수도 있고 안 될 수도 있다. 우리라고 하는 일마다 항상 잘되란 법은 없다. 죽어라 열심히 했는데도 안 될 때, 그리고 앞으로 나아질 거라는 분명한 근거가 보이지 않을 때, 그럴 때 실패를 줄이는 관건은 빨리 포기해버리는 것이다. 예를 들어 1억을 들여 가게를 열었는데 손님은 없고, 재료는 시들어가고, 월세며 인건비는 계속 나가고…… 그렇게 해서 5~6개월 만에 절반 가까이 까먹었다면 그땐 과감하게 접고 보증금이라도 건지는 게 상책이란 이야기다. 물론 그렇게 마음먹기가 쉽진 않다. 도박이나 주식을 하는 사람들이 엄청난 돈을 잃고도 본전은 찾아야겠다는 생각 때문에 못 끊는 것과 비슷한 이치다.

우리가 만난 이들 중에도 그런 사람이 있었다. 여러 차례의 간곡한 부탁에 가보니 가게는 이미 회생할 가망이 전혀 없어 보였다. "손해 많이 보셨지요?" 하고 물어보자 많이 봤다고 한다. 그래서 지금은 손해 보는 게 오히려 돈 버는 길이니 최대한 빨리 정리하라고 조언했다. 그러자 그는 대뜸 화를 내며 이렇게 말했다. "지금까지 들어간 게 얼만데요! 본전은 찾아야지! 사장님 보시기에 언제쯤이면 될 것 같습니까?" 이미 깊은 수렁에 빠지기 시작했구나 싶어 속이 터졌다. 바로 그런 생각이 들 때 과감히 브레이크를 걸고 빠져나와야 살 수 있는데, 때를 놓치면 결국 남은 것까지 탈탈 날리고 주저앉고 만다. 그거야말로 '완전한 실패' 아닌가? 그래서 우리는 장사를 배우겠다고 오는 이들에게 '빠질 때와 들어갈 때만 정확히 구별할 줄 알아도 절반은 성공한 것'이라는 말을 하곤 한다.

초가집을 처음 시작할 때의 일이다. 무조건 손님을 잡아야겠다는 생각에 30퍼센트, 50퍼센트 세일을 했더니 점심이면 동시에 300명씩

몰려들었다. 문제는 준비도 덜된 상태에서 한꺼번에 들이닥치니 감당할 수가 없었다는 것이다. 그때는 테이블마다 서비스로 뚝배기 계란찜을 제공했는데, 화구 24개를 풀가동해도 끓이는 시간 때문에 제때 나갈 수가 없었다. 여기저기 계란찜 달라는 성화가 빗발쳤다. 원래 주던 것을 안 주면 손님들의 불만은 배가될 수밖에 없는 법. 눈물을 머금고 인기 서비스 메뉴였던 계란찜을 빼버렸다. 주 메뉴 나가는 시간과 계란찜 나가는 시간이 안 맞으니 빼고, 대신 주 메뉴와 함께 미역국을 내보내는 방식으로 얼른 바꿔버린 것이다.

이처럼 하다못해 서비스 메뉴 하나도 넣을 때와 빠질 때를 구별해야 하는데 다른 일은 오죽하겠는가. 어떤 일이든 하다하다 도저히 안 되겠다 싶을 땐 얼른 포기하는 게 돈 버는 일이다. 흔히 안 되면 될 때까지 하라고 하지만 우리는 이렇게 말하고 싶다. 안 되면 그만하고 다음번에 되게 하라고. 우리는 지금까지 그렇게 해왔다. 일을 추진해보고 안 되면 바로 접었다. 그러고는 절대로 뒤돌아보지 않는다. 후회나 미련의 꼬리가 길수록 스트레스만 쌓이고, 그것이 다음 일을 시작하는 데 발목을 잡기 때문이다. 멈춰야 할 때 과감하게 멈출 줄 아는 것, 그것이야말로 전속력으로 달리는 것만큼이나 중요한 성공의 비결 아닐까?

우리라고 하는 일마다 항상 잘되란 법은 없다. 죽어라
열심히 했는데도 안 될 때, 그리고 앞으로 나아질 거라는
분명한 근거가 보이지 않을 때, 그럴 때 실패를 줄이는
관건은 빨리 포기해 버리는 것이다.

사람부자가 진짜 부자,
사람에 투자하면 망해도 남는다

돈을 남기는 것은 下
가게를 남기는 것은 中
사람을 남기는 것은 上
-《일본의 상도》중에서 -

흔히 '장사 밑천=돈'이라고들 한다. 맞는 말이다. 얼마가 됐건 종잣
돈이 있어야 장사를 할 수 있으니까. 하지만 우리가 생각하기에 장사
에서 가장 중요한 밑천은 사람이다. 왜냐하면 음식 만드는 일도, 손님
상 앞에 내놓는 일도, 무엇보다 맛있게 먹어주는 일도 모두 사람만이
할 수 있기 때문이다. 손님이 찾아와서 기분 좋게 먹어주고, 우리 직원
들이 기분 좋게 일을 해줘야 장사가 된다. 그래서 우리는 언제나 손님
이 최우선이고, 내 식구보다 직원들의 편의와 식사를 먼저 챙긴다. 그
렇게 마음으로 대하다 보면 어느덧 손님은 최고의 영업 사원이 되어
주고, 직원들은 진정한 가족이 되어준다.

우리는 꼭 필요한 상황이 아니면 단 한 번도 우리가 사장입네 하고
나서본 적이 없다. 당신이 사장이냐고 물어도 그냥 여기서 일하는 사
람이라고 대답한다. 그렇게 함으로써 좋은 점은 언제 어느 때고 손님

들의 이야기를 가감 없이 들을 수 있다는 것이다. 한창 밥때가 지나서 식당 주변을 슬슬 다녀 보면 식사를 마치고 나온 손님끼리 하는 이야기를 들을 수 있다. 고객의 솔직한 속내를 알 수 있는 절호의 기회다.

예를 들면 이런 식이다. 우리 가게는 처음부터 170평 규모로 지었다. 그런데 어떤 손님은 '내가 이 동네 오래 살아서 잘 아는데, 원래는 이 집이 작은 초가집에서 시작했다가 성공하면서 지금 규모로 늘린 것'이라고 한다. 그러면서 우리도 금시초문인 이야기를 같이 온 손님들에게 들려주는데, 그 과정에서 좋은 이야기든 나쁜 이야기든 자연스럽게 전파가 되기 때문에 우리에게는 최고의 영업 사원이 되어주는 셈이다. 그래서 우리 부부는 손님에게 어떻게 하면 조금 더 재미있는 이야깃거리를 만들어줄까 머리를 짜내곤 한다.

우리 초가집, 기와집을 처음 찾는 손님이면 누구나 하는 이야기가 있다. 소문난 맛집이라고 해서 찾아왔는데 이렇게 허허벌판 한복판에 있을 줄은 몰랐다며, 식당 진입로가 외길이라 하마터면 논두렁에 처박힐 뻔했다는 것이다. 얼핏 들으면 짜증과 투정이 섞인 말로 들리지만, 속마음에는 '내가 밥 한 끼 먹자고 이렇게까지 힘들게 찾아와야 하나'라는 의구심도 있을 것이다. 하지만 자리에 앉아 만족스러운 식사를 마치고 돌아가는 길에는 그 의구심이 만족감으로 바뀐다. 그리고 주변 사람에게 내가 이러이러하게 이런 집을 찾아가서 밥을 먹고 왔노라며 이야기꾼을 자처하게 되는 것이다.

초가집은 그 이름에 걸맞게 인테리어도 복고풍이다. 오래된 물건들로 장식을 해놓으니 오는 손님마다 옛 시골집에 온 듯 편안함을 느끼고, 추억의 물건을 구경하며 재미있어 한다. 아이들에게도 아빠가 어릴 때 쓰던 물건인데 저건 뭐고, 어떻게 쓰는 거라는 이야기를 들려주며 추억을 나누고, 음식을 기다리는 동안에도 지루하지 않게 이야기꽃을 피우곤 한다. 돌아간 뒤에도 어디선가 그때 봤던 물건을 보면 우리 초가집을 한 번 더 떠올릴 것이고, 자연히 다시 찾게 되지 않겠는가.

그뿐만이 아니다. 장사를 하다 보면 사람이 재산이 되는 일이 하루에도 몇 차례씩 생긴다. 한번은 숯불을 옮기다 손님 옷에 작은 불똥이 튀는 사고가 있었다. 그러자 이 옷이 얼마짜린 줄 아느냐, 백화점에서 300만 원 주고 산 옷이라며 물어내라고 한바탕 난리가 났다. 불똥이 튀긴 했지만 흠집은 눈에 띄지도 않을 정도였다. 실수한 직원은 어쩔 줄 몰라 연신 머리를 조아렸고, 우리도 바로 달려가 정중하게 사과하며 소정의 세탁비를 물어주겠다고 했지만 막무가내였다. 다른 손님들 식사하시니 우리와 조용히 이야기하자고 해도 소용이 없었다. 결국은 세탁비로 30만 원을 물어주고 나서야 사태가 수습되었다. 솔직히 30만 원이면 밥을 몇 그릇을 팔아야 하고, 우리 주방 식구들이 설거지를 얼마만큼 해야 하는데 싶어서 무척 속이 상했다. 하지만 자기 잘못으로 가게에 손해를 끼쳤다는 생각에 미안해 어쩔 줄 모르는 직원을 봐서도, 또 식사 중인 손님들을 봐서도 차마 내색할 수가 없었다.

그런데 얼마 지나서 그 일을 잊어버릴 때쯤 손님 한 분이 식사를 마치고 계산을 하면서 그때 이야기를 꺼냈다. 누가 봐도 억지가 분명한데 손님을 대하는 우리의 태도에 자신이 대접을 받은 것 같아 고마웠다며, 그 손님 대신 사과하고 싶다는 것이 아닌가. 굳이 우리가 시시비비를 따지고 들지 않아도 그 상황을 지켜보는 수많은 눈들이 있었던 셈이고, 바로 그분들이 '이런 일이 있을 때 이 집은 이렇게 해주더라'며 우리 가게의 영업 사원이 되어주는 것이다. 데일 카네기라는 사람이 이런 말을 했다. "남들의 관심을 끌려고 하는 2년보다 남들에게 관심을 가지는 두 달 동안 훨씬 많은 친구를 사귈 수 있다." 최근 들어 식당도 마케팅이나 고객 관리가 중요해지면서 어떻게 하면 고객의 관심을 끌 수 있을까 고심하는 이들이 많다. 하지만 신선한 재료, 변함없는 맛, 진심을 담은 응대와 같이 평소에 당연히 해야 할 일을 빠짐없이 최선을 다해 하는 것, 그것이야말로 최고의 마케팅이자 고객 관리가 아닐까?

　장사에서는 손님만큼이나 직원을 어떻게 대하는지도 중요하다. 초가집과 기와집에 올인하기 전까지 나(서영열)는 연매출 500~600억 원에 이르는 육류 도매 및 가공업을 운영했다. 직원 수만 100명에 달했는데, 나는 직원을 뽑을 때도 조금 남다른 기준을 가지고 있었다. 당시는 IMF가 끝나고 신용불량자가 쏟아져 심각한 사회문제가 되고 있을 때였다. 구인 광고를 내면 다양한 사람들이 지원을 해왔는데, 그때마다 나는 신용불량자를 우선으로 채용했다. 아내조차 부처님 가운데 토막도 아니고 대체 어쩌려고 그러는지 모르겠다며 걱정했지만 나에게는 분명한 이유가 있었다. 당시에 사업을 하다 신용불량자가 된 이들은 결코 나쁜 사람들이 아니라고 생각했기 때문이다. 진짜 나쁜 사람은 자기만 살겠다고 이리저리 빠져나갈 구멍 찾아간 이들이다. 반면에 신용불량자는 남들 줄 돈 다 줘서 망한 사람이니 다시 일어설 기회를 줘야 마땅하다. 그래야 처자식도 먹여 살리고 한 명이라도 아까운 목숨 한강에 버리는 일이 없지 않겠냐는 생각이었던 것이다.

면접을 볼 때 나는 대놓고 이렇게 물었다. "당신이라면 당신 같은 신용불량자를 뽑겠소?" 그러면 잔뜩 기가 죽어서는 자기라도 안 뽑을 거라고 한다. 그런 그들에게 한 번 더 기회를 줄 테니 잘해보자고 손을 내밀면 누군가는 그 자리에서 눈물을 뚝뚝 흘리고, 누군가는 이 사람 말이 진짠가 싶어 의아해하기도 했다. 물론 개중에는 나의 선의와 믿음을 배신한 이도 없지 않았다. 하지만 지금까지 그때의 내 선택을 후회해본 적은 없다. 사회에서 어느 정도 기반을 닦은 사람으로서 마땅히 해야 할 역할과 책임에 충실했던 것이고, 도움이 필요한 사람에게 내가 할 수 있는 일을 해준 것뿐 그 대가로 뭘 바란 적도 없다.

요즘도 우리는 수시로 직원 면접을 본다. 워낙 다양한 사람들이 일자리를 찾아오다 보니 정말 별의별 사람을 다 만나게 된다. 내일부터 출근하겠다고, 그런데 지금 당장 집에 갈 차비가 없으니 차비 좀 달라고 해서 주면 다음 날 오지 않는 일도 다반사다. 그래도 여전히 우리는 면접을 보러 오는 사람에게 밥을 먹이고 교통비를 쥐여 보낸다. 약속대로 내일 오지 않더라도 돈 만 원이 없어 다른 데 가서 나쁜 짓을 하게 하느니, 차라리 우리가 든든히 밥 먹이고 만 원이라도 쥐여 보내는 것이 낫다고 생각하기 때문이다. 또 그 사람이 오늘은 우리에게 면접을 보러 왔지만 언제 우리 집에 손님으로 올지는 아무도 모르는 일 아닌가.

흔히 사회생활 하려면 사람 무서운 줄 알아야 하고, 함부로 믿지 말라고들 한다. 하지만 우리는 그보다 사람 귀한 줄 알아야 한다고 말하고 싶다. 그리고 내 식구라면 제대로 믿어줘야 한다고 말이다. 우리는 일주일 이상 일한 직원에게는 아무 의심 없이 카운터를 맡긴다. 사람이 재산이고 밑천인데, 귀하게 여기지 않고 믿지도 않는다면 어떻게 사람이 모일 수 있겠는가. 아무리 각박한 세상이라 해도 진심은 통하게 되어 있다. 그래서인지 회사를 정리한 지 벌써 몇 년이 지났는데도 지나다 밥 먹으러 들렀다면서 화분 하나, 사과 한 짝 들고 찾아오는 옛 직원들이 있다. 그때마다 다른 건 몰라도 내가 사람부자임에는 틀림없구나 하는 생각에 흐뭇해지곤 한다.

우리는 평소 인덕이란 말을 믿지 않는다. 인덕도 내가 해준 게 있어야 받는 것인데, 남에게 해준 것 하나 없이 덕만 보려는 사람들이 인덕 타령한다고 생각하기 때문이다. 세상은 마음으로 살아야지 머리로 살면 안 된다는 신념은 우리 둘 다 변함이 없고, 다른 사람을 대할 때도 마찬가지다. 장사는 돈을 벌기 위해 하는 일이지만 결국은 사람을 상대하는 일임을 잊어서는 안 된다.

내 돈보다 남의 돈
귀한 줄 알아야 성공한다

빌린 돈을 제 날짜에 갚으면 신용이 두 배가 된다.
- 《교토 상인 33계명》 중에서 -

장사하는 법을 배우러 오는 사람들에게 우리가 맨 처음 하는 말이 있다. '남에게 돈 주는 것부터 먼저 배우고 시작하라'는 것이다. 쉽게 말해서 내 것 먼저 챙기지 말고 남 줄 것 먼저 줘야 한다는 것인데, 예를 들어 물건을 샀으면 대금 지불은 바로 해주라는 이야기다. 장사하는 사람에게는 그게 바로 신용이다. 거래처에 이 집은 1원 한 장까지 정확하게, 그것도 제때제때 현금으로 준다는 신뢰가 쌓이면 반드시 그에 상응하는 보상이 돌아오게 되어 있다. 이렇게 우리 부부가 신뢰야말로 장사하는 이의 최고 덕목이라고 생각하게 된 데에는 그만한 이유가 있다.

과거 육류 유통업을 할 때 귀한 도움을 준 분이 있다. 전라도 나주 출신의 나 사장님이라는 분인데, 주로 수입육을 취급하고 있었다. 어느 해인가 경기가 급격히 악화되면서 그분이 들여온 물건이 적체가 되고 재고량이 쌓여 갔다. 장사든 사업이든 회전이 되어야지 멈추면 그대로 끝이다. 나 사장님은 고민 끝에 나에게 그 물건을 팔아줄 수 있겠냐고 물었다. 킬로그램당 5,000원에 사왔지만 지금 시세가 4,700~4,800원이니 그 가격에라도 팔아달라고 했다. 아무리 그래도 원가가 있는데 그렇게 팔아서 되겠냐고 했더니 그래도 할 수 없다, 일단 자금이 돌아야 다음을 기약할 수 있으니 손해를 보더라도 파는 게 낫다는 것이었다. 나는 그분이 들여온 원가대로 제값을 쳐서 원하는 만큼의 수량을 빼주었다. 같은 길을 가는 동지로서 고통 분담을 했던 것인데, 덕분에 나 사장님은 숨통이 트여 좋고, 나는 어려울 때 배려해 줘서 고맙다며 이후에도 그분의 물건을 원가로 공급받았으니 서로 윈윈이 되었던 셈이다.

그런데 그때 일이 훗날 더 큰 도움으로 돌아왔다. 초가집에 주차장이 없어 고민하던 차에 바로 앞에 땅이 나왔는데 너무 비쌌다. 하지만 우리가 손에 쥐고 있는 돈은 땅값의 절반도 안 됐다. 그 땅은 꼭 필요했고 땅을 사려면 우리가 살던 집을 팔아야 하는데, 문제는 집을 내놓는다고 해서 내일 당장 팔린다는 보장이 없다는 점이었다. 그때 우리에게 선뜻 손을 내밀어준 분이 바로 나 사장님이었다. 일단 돈을 내줄 테니 집이 팔리는 대로 주고 얼른 땅부터 잡으라는 것이 아닌가. 그분의 배려 덕분에 지금의 주차장 부지를 확보할 수 있었다. 신뢰는 그렇게 쌓아가는 것이다. 나 사장님이 어려울 때 급한 사정을 헤아려준 것이 우리가 급할 때 더 큰 도움으로 돌아오지 않았는가 말이다.

지금도 마찬가지다. 매일 초가집, 기와집에서 소요되는 수많은 채소, 부자재, 그릇 등을 공급하는 거래처들이 우리에게는 제일 좋은 물건을 내준다. 제값을 쳐서 바로바로 결제를 해주는 것은 당연한 일이고, 만에 하나 그쪽에서 실수로 물건 값을 누락해서 청구해도 정확히 찾아서 챙겨주기 때문이다. 그래서 우리 거래처들은 물건을 담보로 그 흔한 밀고 당기기를 하는 법도 없고, 우리 역시 단골이라는 이유로 뭔가를 바란 적이 없다. 하다못해 한여름에 더위라도 식히라며 주문한 물품과 함께 수박 한 덩이 실어 보내도 받지 않는다. 마음은 고맙지만 그보다는 좋은 물건 골라 보내주는 것이 우리에게 제일 중요하고 고마운 일이다. 이 원칙을 우리는 처음부터 정말 엄격하게 지켜왔다. 예나 지금이나 남의 돈은 1원 한 장 빠뜨리는 법 없이 정확하게 챙겨 보낸다. 내 돈이 귀하면 남의 돈은 열 배 더 귀한 줄 알아야 하기 때문이다.

또 한번은 이런 일이 있었다. 내가 처음 유통 사업을 시작하고 얼마 후였다. 개인사업자로 시작했다가 매출이 커지니 법인 설립을 하게 되었다. 법인을 설립하려면 자본금이 들어가야 하는데, 당장 1억 원이 필요했다. 그때 머리에 떠오른 사람이 당시 부천산업의 최 사장님으로, 우리와는 오랜 거래처였다. 조심스럽게 사정 이야기를 하고, 우리가 지불해야 할 1억 원을 먼저 법인 설립 예치금으로 넣고 일주일 후에 드려도 되겠냐며 양해를 구했다. 최 사장님은 아주 흔쾌히 허락을 해주었고, 덕분에 법인 설립도 문제없이 진행할 수 있었다. 지금까지도 그때 배려를 해준 최 사장님에게 고마운 마음을 간직하고 있다. 혹자는 오랜 거래처이고 그분 돈을 빌린 것도 아닌데, 대금 결제 일주일 미뤄준 것이 뭐 그렇게 대단한 일이냐고 반문할지도 모른다. 하지만 내 생각은 좀 다르다.

부모 형제한테도 1억 좀 쓰자는 말 꺼내기가 얼마나 어려운가. 하물며 피 한 방울 안 섞인 남에게 1억을 일주일이나 부탁했는데 흔쾌히 승낙해준다는 것은 정말이지 쉬운 일이 아니다. '남들이 생각하는 그 정도쯤'과 '내가 생각하는 그 정도쯤'은 엄연히 다르다. 우리는 우리가 하는 노력에 대해서만 '그 정도쯤'을 용납하지, 다른 사람에게는 그런 잣대를 들이대본 적이 없다. 그건 우리가 함부로 판단할 일이 아니기 때문이다. 우리는 이런 마음가짐으로 지금까지 일을 하고 사람들 간에 신뢰를 쌓아왔다. 줘야 할 돈은 항상 정확하게 주고, 대신 누군가에게 돈을 빌려준다면 받을 생각하지 않고 줬다.

그렇게 사람 너무 믿다가 사기라도 당해서 다 날리면 어쩌려고 그러느냐는 말도 많이 들었다. 솔직히 그럴 일은 없을 것 같지만, 만에 하나 다 잃게 된다고 해도 우리 부부는 별로 걱정하지 않는다. 다행히 아직까지는 둘 다 건강하니, 여차하면 손수레 끌고 과일 장사든 채소 장사든 할 마음의 준비가 되어 있기 때문이다. 어느 날 아내에게 물었다. "당신은 준비됐나?" 그랬더니 1초의 망설임도 없이 "당연하지!"라는 대답이 돌아왔다. 우리는 정말로 내가 손수레를 끌면 아내는 팔을 걷어붙이고 손수레 뒤를 밀 준비가 되어 있다. 그 밑바탕에는 아무리 가진 게 없어도 우리가 지금까지 쌓아온 신뢰를 바탕으로 언제든 다시 시작할 수 있다는 자신감이 있기 때문이다. 신뢰가 있다면 기회는 언제든지 만들 수 있다. 그게 진정한 상도, 즉 장사의 도리다.

그렇게 사람 너무 믿다가 사기라도 당해서 다 날리면 어쩌려고 그러느냐는 말도 많이 들었다. 솔직히 그럴 일은 없을 것 같지만, 만에 하나 다 잃게 된다고 해도 우리 부부는 별로 걱정하지 않는다.

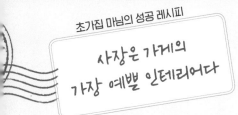

사장은 가게의
가장 예쁜 인테리어다

얼마 전 지인 두 명의 초대를 받아 모처럼 깔끔하게 차려입고 함께 집을 나섰다. 둘 다 비슷한 시기에 식당을 오픈했다며 꼭 한번 들러 달라는 부탁을 받았던 것이다. 처음에 간 곳은 규모는 작아도 일단 음식 맛이 살아 있는 데다, 무엇보다 개업식임에도 직접 앞치마를 두르고 손님들 사이로 바쁘게 움직이는 지인의 모습을 보니 안심이 되었다.

그다음에 다녀온 집은 한눈에 보아도 인테리어에 공을 많이 들인 태가 역력했다. 주인은 대기업에서 정년퇴직을 하고 인생 2막을 위해 식당을 오픈한 분이었다. 우리가 가니 말쑥한 양복 차림으로 카운터에서 점잖게 맞아 주었다. 우리 자리에서 함께 담소를 나누다가 직원을 불러서는 "여사님! 여기 귀한 분들이 오셨으니까 특별히 신경 좀 써주세요" 하고 당부까지 해주었다. 그 덕분에 잘 대접받고 돌아왔지만 식당을 나오면서 우리는 동시에 한숨을 내쉬었다. 내실보다는 보여주는 데 더 신경 쓴 것이 아닌가 하는 생각에 앞으로 뒷감당을 어떻게 할지 걱정스러웠기 때문이다.

많은 사람들이 '무엇무엇다움'의 틀에 갇혀 있는 것 같다. 이를테면 사장은 사장다워야 하고, 직원은 직원다워야 하고, 손님은 손님다워야 한다는 식으로 말이다. 물론 그 말 자체는 문제가 없다. 당연히 각자의 본분에 맞춰 자기 역할에 충실해야 한다. 문제는 그 '다움'의 표현을 어떻게 하는가다. 우리 집에 처음 오는 손님은 대부분 누가 사장이고, 누가 직원인지 구별을 못한다. 한 사람은 머리에 두건을 쓴 채 주방에서 열심히 낙지를 볶고, 또 한 사람은 앞치마를 두르고 홀 안을 부지런히 오가니, 누가 사장이고 누가 직원인지 구별하기가 어렵기 때문이다.

가게에서 우리 부부의 유니폼은 두건과 앞치마다. 잠잘 때를 제외하면 잠시도 유니폼을 벗는 법이 없다. 일할 때 세상 편하다는 것이 첫 번째 이유요, 두 번째는 청결을 위해서, 그리고 세 번째는 우리 자신이 초가집, 기와집의 주인임을 자랑스러워하기 때문이다. 이렇게 말하면 많은 사람들이 의아해한다. 이만큼 이뤘으면 좋은 옷 차려입고 폼 나게 카운터를 지키며 오가는 손님들에게 인사만 해도 되지 않으냐, 혹은 평생 뼈 빠지게 일만 했으니 이젠 좀 둘만의 시간도 가져 보는 게 어떻겠냐는 것이다. 생전 가야 활동하기 편한 아웃도어에 두건 하나가 패션의 전부인 남편과, 마찬가지로 티셔츠, 반바지 위에 걸친 앞치마가 전부인 나의 모습에 안타까운 듯 끌탕을 하기도 하지만 우리는 전혀 상관하지 않는다. 우리는 남에게 보여주기 위해 사는 사람이 아니기 때문이다.

사장이 사장다워야 한다는 말에 대해 나는 이렇게 생각한다. 사장이기 때문에 손님을 가장 먼저 맞이하고, 손님 눈높이에서 더 배려하고, 불편한 건 없는지 하나하나 신경 쓰면서 직원들이 못 보는 것까지 볼 줄 아는 것. 그럼으로써 가게의 수익을 늘리고, 결과적으로 직원들의 생활과 복지를 안정시켜 줄 수 있는 능력을 갖추는 것이야말로 진짜 사장다움이 아닐까? 사장이 자신의 위치에서 할 수 있는 최선을 다하고, 직원들과 똑같은 앞치마로 일체감을 이루면서 일하기에 가장 적합한 환경을 조성해 주는 것이야말로 성공하는 가게의 비결이라고 생각한다.

멋쟁이 사장이 되고 싶은가? 그렇다면 직원들 앞에서 솔선수범을 보여라. 장사하는 사람에게 그보다 멋진 모습은 없다. 최고의 옷은 당신의 가게 이름이 찍힌 앞치마다. 장사하는 사람에게 앞치마는 단순한 유니폼이 아닌, 세상을 향한 방패다. 식당에서 가장 예쁜 인테리어는 사장이라는 말이 있다. 그렇다면 세상에서 제일 멋진 유니폼을 입고 행복한 얼굴로 일하는 우리도 초가집, 기와집의 가장 멋진 인테리어가 아닐까.

부부야말로 최고의 동업 파트너다

가장 가까운 사람에게는 지는 것이 이기는 것이다

시간이 지나도 변하지 않는 것, 부창부수

초가집 마님과 기와집 머슴의 백년대계

상대의 수고를 진심으로 인정할 줄 알아야 한다

사업의 성장이 곧 부부의 역사가 된다

부부라도 둘만의 탈출구가 있어야 한다

표현을 아낄수록 더 큰 것을 잃게 된다

서로에게 멘토가 되고 서로를 멘토로 삼아라

기와집 머슴의 인생 레시피 혼자만 잘살믄 무슨 재민겨

PART
02

성공 식당을 위한
부부 동업,
부창부수 경영론

부부야말로
최고의 동업 파트너다

결혼에서의 성공이란 단순히 올바른 상대를 찾음으로써 오는 게 아니라
올바른 상대가 됨으로써 온다.
- 바네트 브리크너 -

'관계를 끝장내고 싶다면 그와 동업을 하라'는 말이 있다. 친한 사이일수록 동업은 절대로 하는 게 아니라는 뜻인데, 특히 그 파트너가 배우자라면 입에 거품을 물고 뜯어말리는 사람도 수없이 봐왔다. 차라리 남이면 그럴 수도 있지 하고 넘어갈 일도 서로 잘 안다고 생각하고 믿는 관계에서는 쉽게 넘어가지 못하기 때문이다. 편한 사이일수록 말을 골라서 하지 않는 버릇도 부부간의 동업에서 위험 요소로 작용한다. 그래서 사람들이 우리에게 빼놓지 않고 물어보는 것 중 하나가 부부끼리 장사를 하다 보면 자주 싸우지 않냐는 것이다. 가까이서 지켜본 사람들은 우리가 아직까지 신혼처럼 티격태격하는 모습을 볼 때마다 가슴이 철렁 내려앉는다고도 한다.

하지만 겉보기와 달리 우리 부부는 참 죽이 잘 맞는 편이다. 환상의 복식조라 해도 과언이 아닌데, 여기에는 서로 다른 성격이 한몫하고

있다. 아내인 내가 꼼꼼하고 미리 세세하게 따져 보는 데 능하다면 남편은 일단 스케일이 크다. 원래 그릇이 크기도 하려니와 일을 밀어붙이는 추진력과 결단력에 있어서는 따라올 사람이 없다. 그래서 가끔 남편을 볼 때면 저 사람이 어릴 때 뒷받침만 좀 됐어도 누구 못지않게 큰일을 했을 텐데 싶어서 짠할 때가 있다.

이참에 대놓고 남편 자랑 좀 해야겠다. 남편이기 전에 뛰어난 사업가인 그는 리더로서 갖춰야 할 자질을 타고났다. 무엇보다 한결같은 성실함은 정말 최고다. 남편이 안산에서 유통업을 할 때였다. 직원이 스물대여섯 명이었으니 규모가 작은 회사는 아니었다. 집에서 회사까지의 거리는 대략 15분. 곧 죽어도 아침밥은 먹어야 하는 사람이 5분이라도 늦을 것 같다 싶으면 밥도 팽개치고 회사로 달려갔다. 8시 이전에 도착하면 여유 있게 회사를 한 바퀴 둘러보고, 8시에 아슬아슬 임박해서 도착하면 자기 방까지 냅다 뛰어 올라갔다.

5분이 아니라 한 시간을 늦게 간대도 아무도 뭐랄 사람이 없지만 그의 생각은 이랬다. 자신이 사장이니 응당 맨 먼저 출근해서 직원들을 맞이해야 한다는 것이다. 퇴근할 때도 직원들을 일일이 배웅한 다음 맨 마지막에 문단속을 하고 나와야 하는 것은 두말할 나위가 없었다. 그 철칙은 지금까지도 고집스럽게 지켜 내고 있다. 그렇다고 해서 직원들에게 출근이 늦네 어쩌네 잔소리 한번 하는 일이 없다. 그저 스스로 행동으로 보여주는 것이다.

그의 고집과 뚝심은 직원을 뽑을 때도 나타나는데, 앞서 이야기했듯이 지원자 중에 혹시 신용불량자가 있으면 일단 그 사람부터 뽑았다. "기회를 주는 겁니다. 다시 한 번 잘해 봅시다"라는 말로 위로와 희망을 주되, 어렵게 주어진 기회에 대한 막중한 책임감을 부여하는 것도 잊지 않았다. 그것이 이 사회에서 자신이 해야 할 역할과 책임이라고 생각하는 사람이다. 그렇다고 아무나 뽑는 것은 아니다. 식당에서는 아예 직원을 뽑을 때부터 주방에서도 일할 수 있고, 홀에서도 일이 가능한 멀티플레이어형을 채용했다. 그러지 않고 홀만 가능한 사람, 주방만 가능한 사람을 뽑았다가는 급박한 상황이 닥쳐도 대응이 안 될뿐더러 인건비가 두 배 이상 투자되어야 하기 때문이다. 실제로 기와집의 경우에도 홀 직원이 주방에 수시로 들어가 상황을 점검하고, 주방 직원도 수시로 홀에 나와 상황을 봐가며 움직이고 있다. 이 얼마나 합리적인가.

남편은 사람을 관리하는 방법도 남달랐다. 몇 천만 원은 기본이고 몇 억이 오가는 일을 직원에게 맡겨 놓고도 확인 한번 하는 일이 없었다. 맡겼으면 그냥 믿는 것이다. 내 눈에는 새는 게 보이는데 이 사람은 그런 것에는 눈 하나 깜짝하지 않았다. 그러다 회사 규모가 점차 커지면서 문제가 생기기 시작했다. 그래서 생각해 낸 것이 회계를 담당하는 직원에게 무상 지분 15퍼센트를 주자는 것이었다. 단 횡령을 하다 걸리면 지분 모두를 반환함과 동시에 퇴사한다는 조건으로 안전장치를 만든 셈이다. 그 덕분에 그때 그 직원은 10년이 지난 지금까지도 우리와 함께 일하고 있다. 다른 직원들에게도 업계 최초로 직원 인센티브 제도와 주 5일 근무를 제공했다. 인센티브로 전환하고 나니 자신의 노력 여하에 따라 하루아침에 천만 원 월급쟁이가 될 수도 있었다.

지금 초가집, 기와집에서 하는 걸 봐도 직원 관리만큼은 참 철저한 사람이다. 조카나 처남이 와서 일을 한다고 직원들과 다른 혜택을 주는 일도 없었고, 회사를 키우면서 사람이 필요하다고 경쟁업체 직원을 몰래 스카우트하는 법도 없었다. 그리고 무엇보다 문제해결 능력이 뛰어났다. 처음 유통 회사를 차리고 얼마 안 됐을 때, 물건을 사야 할 시기가 돼서 컨테이너 두 개 값으로 2억을 먼저 치러 줬는데 물건이 넘어오지 않았다. 돌아가는 상황을 가만히 보니 거래처가 사기를 치려는 조짐이 보였다. 당시에 2억을 손해 본다면 후폭풍을 상상하기조차 싫을 만큼 엄청난 타격이었다. 말없이 생각에 잠겨 있던 남편이 어느 날 무작정 그 회사를 찾아갔다. 검은 가죽점퍼에 가죽장갑을 끼고, 뒤춤에는 칼 하나를 신문지에 둘둘 말아 꽂은 채였다. 회사 대표를 만나 뒤춤에 꽂은 신문지 뭉치를 슬쩍 내보이며 이 자리에서 해결이 안 되면 가만있지 않겠다고 겁을 주니 그제야 물건을 보내 주었다.

조금 극적인 방법이기는 했지만 남편이 30대일 때니 젊은 혈기이기도 했고, 자칫 문 열자마자 회사가 망할 수도 있다고 생각하니 겁이 없었던 것이다. 소문은 달리는 말보다 빠르다고 했던가. 이후로는 어느 누구도 남편한테는 함부로 사기 칠 엄두를 못 냈다. 물론 그에 앞서 누구보다 정직하고 정확하게 거래하는 사람으로 정평이 난 덕분이기도 했다.

　부부가 함께 일을 하기 위해서는 서로 그에 요구되는 예의와 자질을 갖춰야 한다. 남편 이야기를 길게 한 데에는 이유가 있다. 남편 자랑을 하기 위해서가 아니라, 남편이기에 앞서 한 사람의 사업가이자 리더로서 그가 가진 자질을 말하고 싶었던 것이다. 남편 역시 자기와 다른 나의 장점을 인정하고 존중해 주었기에 지금까지 신나게 손발 맞춰 가며 일할 수 있었다. 그런 의미에서 부부 사이에도 '지기지피'가 꼭 필요하다. 내가 가진 특성과 상대방이 가진 특성을 제대로 이해하고 조합해 나가는 것, 그것이야말로 부부가 함께 일할 때 가장 필요한 자세가 아닐까? 그리고 바로 그때 부부라는 시너지가 최고조로 발휘될 수 있다는 것을 경험으로 자신 있게 말할 수 있다.

남편의 고집과 뚝심은 직원을 뽑을 때도 나타나는데, 앞서
이야기했듯이 지원자 중에 혹시 신용불량자가 있으면 일단 그 사람부터
뽑았다. "기회를 주는 겁니다. 다시 한 번 잘해 봅시다"라는 말로
위로와 희망을 주되, 어렵게 주어진 기회에 대한 막중한 책임감을
부여하는 것도 잊지 않았다. 그것이 이 사회에서 자신이 해야 할 역할과
책임이라고 생각하는 사람이다.

가장 가까운 사람에게는
지는 것이 이기는 것이다

사랑하는 자와 사는 것에는 한 가지 비결이 있다.
상대를 달라지게 하려고 해서는 안 된다는 것이 바로 그것이다.
- 자크 샤르돈 -

남편과 첫 데이트로 관악산에 갔을 때였다. 앞으로 어떻게 살아갈 생각이냐고 물었더니 남편은 장사를 했으면 좋겠는데, 할 수 있겠느냐고 조심스럽게 되물었다. 나는 잠깐의 망설임도 없이 고개를 끄덕였다. 우리는 그 짧은 대화로 인생의 목표를 같이했고, 그 목표를 이루기 위해 함께 성실히 살아갈 것임을 확인했던 셈이다.

우리처럼 처음 식당을 할 때는 인건비 절감을 위해 부부가 함께 일하는 경우가 많다. 세상에서 가장 가까운 두 사람이다 보니 일하는 호흡도 찰떡궁합일 것 같지만 일과 가정생활은 엄연히 다르다. 예전에 같이 일하던 전무가 있었다. 우리 부부가 호흡이 워낙 잘 맞으니 부럽다며 본인도 아내와 함께 가게를 시작했는데, 내내 싸움이 끊이지 않더니 결국은 갈라서고 말았다. 평소에는 그렇게 사이좋은 부부였지만 둘이 함께 일을 한다는 것은 또 다른 문제인 것이다.

장사라는 게 부부가 합심을 해서 죽기 살기로 해도 살아남을까 말까다. 그런데 집에서 하듯이 남편은 으레 아내가 하려니 하고, 아내는 남편이 손 하나 까딱 안 한다고 투덜대기 시작하면 분란이 일어나고, 손님들이 불편해지고, 당연히 매출도 떨어지게 되어 있다. 그렇기 때문에 둘 중 하나는 져주는 것이 이기는 것이다. 그리고 오로지 일로 생각해야지 개인 감정이 개입해서는 둘 다 지는 싸움이 되고 만다. 일이 문제면 일만 가지고 이야기를 해야지, 부부라고 해서 과거 잘못까지 들먹이면 어떻게 일이 되겠는가. 누구 하나는 져주면서 서로 배려하고, 공동의 일인 만큼 같이 관심과 노력을 기울여야 한다. 그러지 않고 각자의 색깔이 뚜렷해서는 융화가 될 수 없다.

그런 면에서 우리 부부는 분명했다. 가게에서는 일만 생각하고, 집안일은 집에 가서 하자! 그것이 우리의 철칙이었다. 아무리 부부가 일심동체라 해도 일에 있어서는 분명히 남자의 역할과 여자의 역할이 있다. 특히 손님의 감성을 어루만지는 일이 매우 중요한데, 그 점에 있어서는 단연 여자의 역할이 크다. 예컨대 첫 장사였던 설렁탕집으로 기반을 잡은 뒤 우리가 처음 함께했던 일은 정육점이었다. 나 혼자 가게에 있을 때는 카레용 돼지고기 1,000원어치도 스스럼없이 사러 오던 여자 손님이 남편이 같이 있으면 눈치를 살피는 기색이 보였다. 그래서 그때마다 남편을 구석으로 보내곤 했는데, 한번은 급한 마음에 냉동고로 밀어 넣은 적도 있었다. 겨우 1,000원어치 고기 팔자고 남편을 냉동고로 밀어 넣느냐고 하는 사람도 있을 것이다. 하지만 손님이 뭘 필요로 하는지, 어떤 점을 불편해하는지 살펴서 맞춤 서비스를 할 줄 모른다면 장사를 해서는 안 된다. 그리고 그런 섬세한 촉은 남자보다 여자가 발달한 것이 사실이다.

한 가지 다행스러운 것은 우리 둘 다 태생이 성실한 데다 눈썰미가 좋은 편이라는 점이다. 처음 정육점을 차렸을 때 나는 고기 썰 줄도 몰랐지만 남편이 하는 걸 옆에서 보고 그냥 따라 썰었다. 그러다 보니 명절에 말도 못 하게 주문이 밀려 들어와도 둘이서 모두 소화를 해냈다. 그렇게 일을 하고도 잔칫집에서 100근, 200근 주문이 들어오면 둘이 밤잠 안 자가며 준비해서 아이스박스에 담아 예식장까지 배달해 줬다.

가끔은 이런 생각을 할 때가 있다. 만약에 내가 정말 맹순이어서 아무것도 모르고 장사에 촉도 없고 미래에 대한 계획도 없었다면 과연 이 사람이 이만큼 왔을까? 또 나도 이 사람을 안 만났다면 내 꿈을 펼칠 수 있었을까? 이런 생각을 하다 보면 정말 당신이 있어서 고맙다는 마음이 절로 든다. 사실 한 공간에 하루 종일 같이 있다 보면 왜 부딪치는 일이 없고 미운 마음이 드는 적이 없겠는가. 하지만 그럴 때마다 우린 앞만 보고 갔다. 어차피 할 일이면 하자, 세상에 고생 안 하는 일이 어디 있나 하고 말이다.

그러다 보니 우리 부부는 일에 있어서만큼은 정말 최고의 파트너가 되었다. 서로 눈빛만 봐도 통하는 수준을 넘어 보는 순간 손발이 먼저 나가 척척 맞추니, 우리가 봐도 신기할 따름이다. 하지만 일을 풀어가는 스타일은 참 많이 다르다. 남편은 추진력이 엄청난 사람이어서 한 번 해야겠다고 마음먹으면 참지를 못한다. 내가 중간에 브레이크를 걸어 주지 않으면 어디까지 갈지 모른다. 그래서 이제는 식당 주변 공사를 할 때도 나에게 빨리 나와서 보라고 한다. 다 해놓은 다음에 이러쿵저러쿵하지 말고 미리미리 살펴보라는 뜻인데, 그만큼 내 의견을 존중해 주는 것이다.

일을 같이 하면서 우리는 정말 대화를 많이 했고 지금도 많이 한다. 테이블은 이렇게 놓자, 난로는 어디에 둘까, 하다못해 바구니 하나를 놔도 이렇게 놓을까 저렇게 놓을까, 글씨는 이렇게 쓸까 저렇게 쓸까…… 정말 시시콜콜한 것 하나까지 의견을 주고받는다. 둘이 하도 속닥거리다 보니 처음에는 직원들이 자기들 흉보는 줄 알고 우리 둘만 이야기하고 있으면 스트레스를 받았다고 할 정도다. 물론 지금은 직원들도 우리 부부 스타일을 잘 아니까 오해할 일이 없다.

부부가 함께 일을 한다는 것은 분명 힘든 일이다. 그럼에도 우리가 최고의 파트너가 될 수 있었던 또 다른 비결은 한 사람이 다른 사람에게 맞춰 주는 것이었다. 우리 부부의 경우에는 내가 무조건이라고 할 만큼 남편에게 대부분 맞춰 왔다. 내 의견을 냈다가도 남편이 한마디 하면 바로 꼬리 내리고 "아이고 내가 또 잘못했네. 내가 틀렸네, 이런 명순이~" 하면 남편도 피식 웃고 만다. 남들 앞에서 싸워 봐야 소용없으니 그냥 접는 것이다. 지는 게 이기는 거라는 말은 다른 인간관계에서도 그렇지만 특히 부부 사이에 딱 맞는 말이다. 우리가 일하는 가게 안에서는 누구보다 나와 제일 가까운 사람에게 져주는 것이 가장 크게 이기는 일이다.

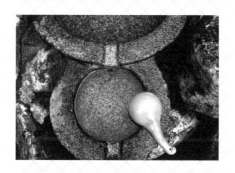

부부가 함께 일을 한다는 것은 분명 힘든 일이다. 지는
게 이기는 거라는 말은 부부 사이에 딱 맞는 말이다.
우리가 일하는 가게 안에서는 누구보다 나와 제일 가까운
사람에게 져주는 것이 가장 크게 이기는 일이다.

시간이 지나도 변하지 않는 것,
부창부수

행복한 결혼 생활에서 중요한 것은
서로 얼마나 잘 맞는가보다는 다른 점을 어떻게 극복해 나가느냐다.
- 톨스토이 -

방송이나 매체에 소개되면서 우리 부부에 관해 자주 입에 오르내리는 게 하나 있다. 바로 우리가 덮고 자는 이불인데, 남우세스럽게도 이불 옆구리가 쭉 째진 것이 방송에 그대로 비춰진 것이다. 이후로 그걸 본 사람마다 한마디씩 한다. "아니 현금 부자라면서 이불이 그게 뭐예요?", "이불 하나 사줄까요?" 놀리듯 한마디씩 거들지만 그 장면이 인간적이라 좋았다는 사람도 있었다. 그때마다 나는 내 고향인 강원도식 억양으로 이렇게 대답한다. "그 이불도 처음엔 새 거였어요. 내가 10년밖에 안 덮었더니 조금 째졌는데 왜 그래요?" 그러면 다들 웃음보를 터뜨리고 만다.

사실 나는 그 이불이야말로 우리 부부가 살아온 날들을 단적으로 대변한다고 생각한다. 옆구리가 쭉 째진 남루한 이불은 바로 우리 부부의 시간을 닮아 있기에 함부로 내다버리지 못하는 것이다. 남들은 우리에게 부자가 돼서 참 좋겠다, 진짜 성공했다고 하지만 우리가 사는 모습은 예나 지금이나 한결같다. 10년을 넘게 매일 덮고 잔 이불처럼 여전히 우리는 검소하게 하루하루를 열심히 살아가고 있을 뿐이다.

돈 좀 벌었다고 금이불을 덮어야 하는 것은 아니지 않은가? 그동안 하도 세탁기에 돌렸더니 좀 닳아서 째진 부위가 있지만 아직까지 면도 짱짱하고 덮고 자는 데는 아무 문제가 없다. 헌것이 있어야 새것이 있고, 안 좋은 것이 있어야 좋은 것도 생기는 법이다. 늘 새것, 좋은 것만 놓고 살면 좋겠지만 우리는 지금껏 그렇게 살아오지 않았다. 예나 지금이나 열심히 노력해서 번 돈을 헛되게 써본 일도 없고, 늘 거짓 없이 아끼면서 살아왔다. 그러니 그 이불이 10년이 됐건 100년이 됐건, 옆이 째졌든 위가 터졌든, 덮고 자는 데 지장 없으면 아무 상관이 없는 것이다.

우리의 하루 일과도 마찬가지다. 매일 아침 일어나면 함께 가게에 나와 나는 가게 안팎을 한 바퀴 돌아보며 직원들 모두 무사히 출근했는지 살피고, 남편은 남편대로 가스, 전기는 이상 없는지 수도는 멀쩡한지 체크하는 것으로 하루를 시작한다. 그다음에는 점심 장사 준비하고, 오후에는 저녁 장사 준비하다 보면 금세 하루가 가니 다른 데 정신 팔 겨를이 없다. 장사하는 사람들 중에 어느 정도 자리 잡았다 싶으면 장사하다 말고 운동 다녀오고, 취미 생활도 하면서 자기 시간부터 갖는 사람이 많다. 하지만 우리는 항상 일이 최우선이고 매일 밤이면 지쳐서 언제 잠들었는지도 모르게 쓰러져 잔다.

아마 많은 사람이 우리 정도면 사람 한두 명 더 써도 되지 않냐고 생각할 것이다. 사실 우리도 그 방법을 안 써본 것은 아니다. 초가집만 해도 어느 정도 궤도에 올랐을 때 매니저를 구해 맡겨 보기도 했고, 큰댁 식구들한테 맡기면서 유지만 하셔도 된다고 하고 빠져 보기도 했다. 그런데 정말 희한하게도 우리가 한 발 빠지고 새 사람이 들어오면 그날부터 매출이 떨어지고 얼마 못 가 바닥을 친다. 그러다 우리가 돌아오면 그날부터 매출이 오르는 경험을 무려 세 번씩이나 했다. 그 이유는 아마도 일을 대하는 자세에 있지 않나 싶다.

한때 산본에서 제일 좋은 아파트에 산 적이 있었다. 제일 넓은 평수에 깔끔하게 인테리어까지 싹 해서 정말 제대로 갖춰 놓고 살았었다. 그때도 우리는 남들이 버리고 간 물건들 중에 별의별 것을 다 집어 왔다. 초가집을 한창 꾸밀 때여서 일부러라도 사와야 할 물건들인데, 이사 가면서 다들 버리니 우린 신이 나서 차로 싣고 와 반짝반짝 닦아서 초가집 인테리어에 썼다. 하다못해 화분도 남들이 버리고 가면 내가 주워 와서 키웠다. 말라 죽었다는 꽃나무도 희한하게 우리 집에선 다 살아났다. 초가집 오픈할 때 들어온 화분이 지금까지도 살아 있다고 하면 다들 깜짝 놀란다. 남들에겐 사소한 것도 우린 정말 귀하게 생각한다. 절약만큼은 예전에도 그랬지만 지금도 철저하고 엄격하다. 그렇다고 남들에게까지 그런 것은 아니다. 우리 자신한테는 엄격하지만 다른 사람들에게 궁색을 떨지는 않는다. 우리는 우리가 할 수 있는 선에서 할 일을 하는 것이지, 남에게까지 내가 이렇게 하니 너도 이렇게 하라고 부담을 주거나 불편을 끼치는 일은 절대 사절이다.

남편이 유통업을 할 때 우리는 4층 연립주택에 살았다. 공동 주택이다 보니 늘 복도나 계단이 지저분했다. 돌아가면서 치우자고 해도 소용이 없자 집집마다 얼마씩 걷어 청소 아주머니를 쓰자는 의견이 나왔다. 그때 나는 차라리 그 돈 받고 내가 하겠다고 하고 4층 건물 청소를 도맡았다. 그리고 청소비 10만 원을 받아 남편 점퍼를 사줬던 기억이 난다. 초가집에서는 빈 박스를 팔아서 우리 직원들 담배도 사주곤 했었다. 지금도 쓰레기통에 손 넣어서 재활용품 구분하고 버리는 일은 내가 한다. 주인도 더럽다고 안 하는 일을 어느 직원이 하겠으며 누굴 시킬까? 궂은일을 도맡아도 그저 열심히 살 수 있고, 그 대가로 이만큼 이뤘다면 그걸로 만족하고 감사할 따름이다.

흔히 욕심은 끝이 없다고 한다. 한 가지 욕심을 채우고 나면 그것이 채워졌을 때의 기쁨과 환희도 동시에 사라진다. 그래서 또 다른 욕심을 내게 되고, 그것을 채우기 위해 앞뒤 안 가리고 모든 것을 쏟아 붓는다. 채워지면 허망해지고 그래서 다시 채우고 싶어지니, 이것이 바로 욕망에 중독되는 삶이다. 이러한 심리를 두고 어느 프랑스 철학자가 이런 말을 했다. "사람들은 이미 소유한 것은 좋아하지 못하고, 아직 소유하지 못한 것을 열망한다." 참으로 정곡을 꿰뚫는 말이 아닌가. 다행히 우리는 이미 소유한 것, 즉 우리 가게와 우리의 일과 우리의 가족과 주변 사람을 진심으로 좋아하고, 더할 나위 없이 고마워하며 살아간다. 아직 소유하지 못한 것을 열망하기보다는 하루하루를 열심히 살아가는 가운데 자연스럽게 얻어지는 것이 있다고 믿는다. 한 번뿐인 소중한 인생을 아귀(餓鬼, 계율을 어기거나 탐욕을 부려 아귀도에 떨어진 귀신. 몸이 앙상하게 마르고 배가 엄청나게 큰데, 목구멍이 바늘구멍 같아서 음식을 먹을 수 없어 굶주림으로 괴로워한다)의 모습으로 살아갈 수는 없지 않은가.

그래서 가끔 일이 끝난 밤에 연꽃 가득 핀 연밭 원두막에 남편과 나란히 앉아 있으면 "와~ 정말 행복하다"는 소리가 절로 나오곤 한다. 남들 6시에 퇴근할 때 밤 11시나 돼야 집에 들어가면서 뭐가 그리 행복할까 싶은 이들도 있을 것이다. 하지만 우린 평생 편하게 안 살아봐서 그런지 작은 것도 소중히 여기고 별것 아닌 일에도 고마운 마음이 든다. 둘 다 태생이 그렇다. 누구 말마따나 팔자대로 된다더니, 타고나지 않았으면 못할 일이기도 하다.

방송이 나간 뒤에 지인 한 분이 찾아왔다. 그분도 우리의 째진 이불을 봤다며, 이불 장사하는 누님까지 모시고 와서 이참에 새 이불을 장만하는 게 어떠냐는 것이었다. 우리끼리는 아끼고 살아도 남의 청 거절 못하는 건 또 판박이인지라, 결국 거금을 주고 오리털 이불 한 채를 장만했다. 아끼고 아끼다 내어줄 때는 큰마음으로 내어주고, 고되고 힘들어도 빈 박스 주워다 직원들 담배 한 갑 사주는 작은 기쁨, 이 또한 즐겁지 아니한가. 이왕이면 남에게 받기보다 줄 수 있는 삶을 살자는 것, 그것은 아마도 우리 부부에게 평생 변하지 않을 삶의 자세일 것이다. 아직 포장도 뜯지 않은 오리털 이불은 한쪽에 고이 모셔둔 채, 오늘도 우리는 옆구리 쭉 째진 이불을 덮고 잠을 청한다. 보고만 있어도 뜨듯해지는 것 같은 기분이 드는 걸 보면, 부창부수란 말이 딱이지 싶다.

초가집 마님과
기와집 머슴의 백년대계

행복한 결혼이란 결코 지루하지 않은 긴 대화를 하는 것과 같다.
- 앙드레 모루아 -

분명 한 집에 살고 있지만 우리 부부는 서로 책임지는 집이 다르다. 장어를 파는 기와집은 남편 명의, 낙지를 파는 초가집은 아내 명의다. 그래서 농담처럼 서로를 초가집 마님, 기와집 머슴이라 부르곤 하는데, 그 명칭이 제법 잘 어울리는지 주변에서도 초가집 마님 권순희와 기와집 머슴 서영열로 꽤 유명하다.

처음 초가집이 낙지 전문 음식점으로 어느 정도 유명세를 타고 기반을 잡은 뒤, 우리는 바로 맞은편 땅을 사서 건물 한 채를 더 지었다. 상호는 고민할 것도 없이 기와집이었고, 메뉴는 장어였다. 길 하나를 사이에 두고 부부가 맡고 있는 초가집과 기와집이 마주 보고 있으니, 분명 한 집임에도 가끔은 보이지 않는 경쟁을 할 때가 있다. 그날그날 정산을 하며 양쪽의 하루 매출이 얼마였는지 확인하고는 상대보다 많으면 왠지 모를 성취감이 느껴지는 것이다. 그래봐야 도토리 키 재기고 주머닛돈이 쌈짓돈인데도 말이다.

사실 누가 얼마를 더 팔았는지 따지는 건 아무 의미가 없다. 그럼에도 우린 오늘은 낙지가 이겼네, 장어가 이겼네 하면서 서로 경쟁 아닌 경쟁을 부추긴다. 우리 부부만의 놀이라고나 할까. 경쟁을 하되 악의는 전혀 없는 경쟁과 질투, 이것이야말로 부부만이 가능한 파트너십이 아닐까 한다.

그런데 가끔 장어와 낙지의 조합에 대해서 궁금해하는 분이 있다. 왜 하필 낙지랑 장어냐는 것이다. 물론 나는 그 질문의 의도를 잘 알고 있다. 그래도 한때 대한민국에서 육류 도매업과 가공업을 제일 크게 했던 사람이 왜 고기 장사가 아닌, 생뚱맞게 낙지와 장어냐는 뜻이리라. 하지만 우리 생각은 달랐다. 오히려 우리가 정말 잘 아는 분야이기 때문에 처음부터 고깃집은 아예 후보에도 올리지 않았다. 소 한 마리를 잡아서 전부 손님상에 나갈 수 있다면 좋겠지만, 제일 비싸고 좋은 소 한 마리를 잡아도 손님상에 나갈 수 있는 양은 절반도 되지 않는다. 그렇다고 손님한테 좋은 것만 내주다가는 조금 떨어지는 고기는 재고로 쌓이게 되니, 결국 좋은 고기 한 점에 안 좋은 고기 한 점을 섞어서 팔아야만 소 한 마리를 소화할 수 있다는 이야기가 된다. 그런데 소위 육류 유통의 전문가라는 사람 집에 싸고 좋은 고기 먹겠다고 왔는데 먹어 보니 별로라면? 그렇게 되면 우리 두 사람은 물론이고 가게 이미지가 곤두박질치는 것은 시간문제였다. 그런 위험성이 뻔히 눈에 보이는데 그 부담을 안고 배운 게 도둑질이라고 시작할 우리가 아니었다.

아내나 나나 장사는 분야만 다를 뿐 원칙은 같다고 믿는다. 좋은 물건을 싸게 사서 비싸게 받는 것이 장사다. 주위를 보면 짜장면을 팔아도 잘되고, 낙지를 팔아도 잘되는 사람이 있는가 하면 뭘 해도 안 되는 사람이 있다. 그런 면에서 우린 둘 다 장사에는 소위 도가 튼 모양이었다. 그러니 어떤 장사를 하든 조금만 익히면 잘할 수 있다는 확신이 있었다.

그렇다면 수많은 메뉴 중에 왜 하필 낙지와 장어인지 궁금할 것이다. 초가집이 낙지를 선택한 이유는 처음에 차렸던 보리밥집 대신 계절 타지 않고 매출을 올릴 수 있는 메뉴가 무엇일까 고민하던 차에, 때마침 낙지가 붐을 일으키고 있었기 때문이다. 게다가 사촌형님이 낙지 전문점을 하고 있어서 조리법도 제대로 배울 수 있었다. 그 덕분에 초가집은 보리밥집에서 낙짓집으로 메뉴를 바꾼 후 소위 대박을 치게 된 것이다. 다만 낙지 요리의 특성상 손이 많이 가는 단점이 있었다. 그래서 기와집을 시작할 때는 좀 더 품이 덜 들어가는 메뉴를 찾았고, 그렇게 해서 선택한 것이 장어였다. 장어는 보기보다 준비도 쉽고 관리도 편하다. 게다가 계절을 타지도 않는다. 그러니 새로운 메뉴로 얼마나 제격인가.

낙지와 장어를 주 메뉴로 초가집과 기와집을 운영하면서 우리가 염려하는 건 한 가지다. 음식도 유행을 탄다는 점이다. 수타 짜장이나 찜닭처럼 한창 유행하다 대부분 자취를 감추는 메뉴가 있는 반면, 아무리 유행이 바뀌어도 칼국수 해서 망한 집은 없다는 이야기도 있긴 하다. 우리도 일선에 있다 보니 유행과 흐름을 현장에서 체감하곤 한다. 한동안 계속 경기가 안 좋고 살기 팍팍해지면서 매운 음식이 유행하고 낙지가 불티나게 팔렸었다. 하지만 요즘은 무엇보다 건강이 최고라는 인식이 널리 퍼지면서 보양식인 장어가 대세다. 그게 지나면 또 어떤 변수가 생길지는 아무도 모르는 일이다. 하지만 잘될수록 불확실한 미래에 대한 대안도 항상 준비해 놓고 있어야 한다.

장사는 옷이나 다름이 없다. 그때그때 흐름에 맞춰 바로바로 바꿔 입을 수 있는 사람이 살아남는 것이다. 우리도 지금까지는 괜찮았지만 앞으로 전망이 어떻게 될지, 제도적으로나 정책적으로 어떤 변화가 생기게 될지는 알 수 없다. 지금부터 그때를 대비해야 하는 것이다. 곰탕집도 100년을 하는데 낙지 장사라고 100년 하지 말란 법은 없다. 다만 오르막길을 갈 것이냐 유지를 할 것이냐, 아니면 내리막을 걸을 것이냐 등등 결과에 대한 고민은 미리 해봐야 한다. 지금 성업 중이라고 해서 장담할 수 없는 건 음식이 문화와 직결되기 때문이다. 사람들의 입맛이 자꾸 바뀌는 것이다. 그래도 어느 지역이나 대표적인 음식 한 가지씩은 살아남는 걸 보면 우리도 낙지 전문, 장어 전문으로 딱 100년만 했으면 좋겠다는 생각이 든다. 이 집 저 집 먹으러 다니다가도 그래도 전문으로 하는 집이 뭐가 달라도 다르겠지 하고 찾아올 수 있도록, 그래서 낙지 하면 초가집, 장어 하면 기와집으로 남게 만들고 싶은 것이다.

더도 말고 딱 100년만. 그때쯤이면 아내와 내 모습은 이미 빛바랜 액자에 담겨 초가집과 기와집의 한쪽 벽면에 걸려 있으리라. 어쩌면 후세 사람들에게 100년 전, 길 하나를 사이에 두고 서로 경쟁하듯 초가집과 기와집을 키워온 우리 부부의 이야기가 재미난 전설처럼 전해질지도 모를 일이다. 생각만 해도 정말 신나고 근사하지 않은가? 가진 것 하나 없는 두 사람이 만나 열심히 땀 흘려 일가를 이루고, 후손들이 대를 이어 번창해 나가는 미래는 생각만 해도 짜릿하다. 우리가 선택한 분야에서 전설이 될 수 있다면 그건 정말 멋진 일일 것이다. 허황된 꿈 아니냐고? 상관없다. 중요한 것은 우리 부부가 지금 이 순간에도 함께 뭔가를 꿈꾸고 있다는 사실이니까. 살아 있는 한 우리의 희망은 계속되어야 하기 때문이다.

장사는 옷이나 다름이 없다. 그때그때 흐름에 맞춰 바로바로
바꿔 입을 수 있는 사람이 살아남는 것이다. 우리도 지금까지는
괜찮았지만 앞으로 전망이 어떻게 될지, 제도적으로나
정책적으로 어떤 변화가 생기게 될지는 알 수 없다. 지금부터
그때를 대비해야 하는 것이다.

상대의 수고를
진심으로 인정할 줄 알아야 한다

남자가 가지고 있는 최고의 재산과 최악의 재산은 바로 그의 아내다.
- 토머스 풀러 -

부부가 함께하는 일 중에서도 요식업은 정말 쉬운 일이 아니다. 서비스업이기 때문이다. 수많은 사람을 먼저 배려하고 일일이 맞춰 줘야 하는 감정 노동이다 보니, 한 공간에서 하루 종일 같이 일을 해도 부부끼리는 소홀하기가 쉽다. 서로가 서로에게 배려해 주기만을 바라게 되기 때문이다. 하지만 바로 같은 이유 때문에 서로에게 더 배려하고 친절해야 한다는 이야기를 이 기회를 빌려 꼭 해주고 싶다. 표현력이 부족한 한국 남편들의 인식이 조금이라도 바뀌었으면 하는 바람 때문이다.

남편은 어쩌다 한번씩 나를 밥순이라고 부른다. 내가 권순희지 왜 밥순이냐고 해도 밥순이를 밥순이라 부르지 뭐라고 부르냐며 웃고 만다. 워낙 표현이 서툰 양반인지라 남편한테는 그게 나를 향한 애정 표현이자 일종의 애칭이겠지만, 듣는 나로선 썩 반갑지 않다. 꼭 식당을 해서가 아니라, 밥이라면 정말이지 신물 나게 해왔다. 오죽하면 우리 직원들하고 남의 밥 해주는 것만큼 덕 쌓는 일은 없다, 지금 이승에서 이렇게 덕 쌓고 있으니 저승 가선 하나도 안 하고 놀고먹어도 된다는 말까지 할까. 그랬는데 설마 염라대왕이 "그래도 하던 놈이 잘한다고 네가 좀 해라, 하진 않겠지?" 해서 한바탕 웃은 적도 있다.

초가집을 하기 전, 남편이 회사를 할 때도 정말 징그럽게 밥을 해댔다. 3~4년 동안 30명이 넘는 직원들 점심 저녁을 다 해줬다. 안 보고 안 듣는 게 상책인데, 어쩌다 한번 회사 구내식당에 가보면 여기저기서 돈 새는 것이 보였다. 내가 막아야겠다는 생각에 나선 일이지만 막상 회사 일을 거들기 시작하니 직원들 밥은 물론이고 손님 커피 서비스에 냉동 창고에서 물건 받기, 회사 안팎과 화장실 청소하기, 집에 와서 남편 밥 차리는 일까지 모두 내 차지가 되어 버렸다. 게다가 남편은 접시에 받쳐 주지 않으면 커피도 안 마시고 한 번 올라온 반찬은 다시 손도 안 댈 만큼 식성이 까다로웠다. 아침밥은 꼭 챙겨 줘야 하고 저녁에도 "나 지금 간다. 밥 차려놔" 했는데 밥상을 조금이라도 늦게 대령하면 버럭 화를 낼 만큼 밥에 대해 민감하기까지 했다.

그런 생활이 지속되다 보니 어느 순간 나도 그만 지쳐 버리고 말았다. 결국은 두 손 들고 차라리 직원들에게 식대 지급을 하라고 선언해 버렸다. 그리고 남편이 회사를 정리하고 초가집, 기와집에 올인하면서부터는 집밥에서도 완전히 자유로워지겠다고 선언했다. 양쪽 주방에 언제든 밥 있고 반찬 있으니 가서 숟가락만 들면 된다고 말이다.

그랬더니 지금도 다른 사람들 만나면 마누라가 아침밥 안 해준다고 흉을 본다.

그동안 아내로서 최선을 다하려 무진 애를 쓰며 살아왔다. 설렁탕 집이나 정육점을 할 때는 차라리 둘만 있었으니 그나마 수월했던 것 같다. 남편이 유통업을 시작하면서 기존의 두 가지 일에 집안일까지, 세 가지 일이 내 몫이 되었다. 직원들 점심 저녁을 다 해주면서 애 둘도 봐야지, 가게 일해야지, 직원들 퇴근하고 나면 경리 대신, 기사 대신, 급한 배달 있으면 배달까지 하면서도 월급 한 푼 안 받고 그저 우리 일을 한다는 생각으로 해냈다. 이제 와서 생색을 내자는 게 아니라, 내가 맡은 역할에 최선을 다하기 위해 그만큼 노력했다는 이야기를 하고 싶은 것이다. 그런 말을 하면 남편은 애기처럼 웬 투정이냐고 한다. 그저 고생했다, 고맙다, 한마디면 맺힌 마음 다 풀리고 기운이 날 텐데 어지간히 요령도 없다.

나도 사람인지라 별것 아닌 일에 섭섭해지고, 욱하고 치밀어 오를 때가 있다. 하지만 그때마다 마음을 삭이고 넘어갈 수 있었던 것은 그래도 고생한 덕분에 우리 생활에 안정이 쌓이고 있다는 보람 때문이었다. 그렇게 참고 애를 썼는데 기반도 못 잡고 생활까지 불안했다면 아마 참기 어려웠을 것이다. 가끔은 남들처럼 화가 나고 속상할 때도 있었지만, 서로 이루려는 목표가 같으니 지금은 그 길로 가는 과정이라 생각하고 이 고비만 넘기자, 지금은 애가 어리니까 힘들지만 좀 크면 나아지겠지 하고 나 자신을 다독였었다. 그런 생각이 없었다면 내 새끼들 챙기기도 바쁜 마당에 기를 쓰고 밥 해주고, 청소하고, 우리 회사 이름 걸고 나가는 차가 너무 더럽다 싶으면 비 오는 날도 우산 쓰고 세차해서 출고를 시켰겠는가.

돌아보면 정말이지 억척스럽게 살았다. 그 공을 인정해 달라는 것이 아니라, 그렇게 했는데 다른 사람도 아닌 남편이 몰라줄 때의 섭섭함은 이루 말할 수가 없다. 한번은 정말 극단적인 생각까지 들 만큼 화가 나는 일이 있었다. 회사가 한창 급성장하던 중이라 남편은 자신감이 넘치다 못해 다소 거만해진 것 같았다. 그 당시 회사에서 내가 한 일이 밥하고 청소하는 것이 전부는 아니었다. 내가 관리하고 영업하던 식당 거래처 납품으로만 한 달에 1,000만 원 이상의 수익을 냈었다. 남편은 직원 15~20명과 해도 그만한 수익이 안 날 때였다. 그럼에도 마치 자기 혼자 다 이룬 듯, 절대로 내 수고를 인정하지 않는 듯한 태도를 보인 것이다.

남편이 나를 인정하지 않고 무시하는 건 아내로서 참을 수 없는 일이었다. 그날 처음으로 이 사람과 계속 살아야 하나, 말아야 하나 밤새 고민을 했고, 이건 정말 아니라는 생각에 몇 날 며칠 동안 남편과 말을 안 했다. 그로부터 얼마 후, 남편과 오랜만에 긴 대화를 나눴다. 그때 내 기분이 어땠는지, 그동안의 내 수고가 어떤 것이었는지, 내가 얼마나 속상했는지를 차분히 이야기했다. 그런데 한참 듣고 있던 남편이 건넨 말은 "미안하네" 그 한마디가 전부였다. 그땐 그 말도 섭섭했지만 지금은 그게 남편의 표현 방식임을 안다.

소설가 은희경이 이런 말을 했다. "사람을 좋아하는 감정에는 이쁘고 좋기만 한 고운 정과 귀찮지만 허물없는 미운 정이 있다. 좋아한다는 감정은 언제나 고운 정으로 출발하지만 미운 정까지 들지 않으면 그 관계는 지속될 수가 없다. 왜냐하면 고운 정보다 미운 정이 훨씬 너그러운 감정이기 때문이다." 절로 고개가 끄덕여지는 말이다. 살아보니 알겠다. 부부로 산다는 것은 고운 정과 미운 정을 씨실과 날실로 엮어 가며 완성해 가는 작품이라는 것을.

부부가 네 일, 내 일 없이 함께 일을 하다 보면 자칫 상대에 대한 배려와 고마움을 잊어버리기가 쉽다. 흔히 남에게 친절해야 한다고들 하지만 내 생각은 조금 다르다. 남한테도 친절해야 하지만 가족에게는 더 친절해야 하고, 함께 일하는 남편이나 아내에게 가장 친절해야 한다고. 부부가 함께 일을 할 때, 특히 요식업을 하다 보면 남한테 친절 베푸느라 정작 가장 아끼고 챙겨야 할 서로에 대해서는 무심하기 쉬운데 제발 그러지 말라는 것이다. 지나고 나면 그것만큼 섭섭한 일이 없다. 내 옆에서 우리 가족의 미래를 위해 묵묵히 애쓰고 있는 상대의 수고를 누구보다 먼저 인정할 줄 알아야 한다. 성공만 하면 전부인 것도, 부자만 되면 그만인 것도 아니다.

어차피 인생길을 함께 걸어갈 사람이다. 꼭 표현을 해야 아느냐고 말하는 무심한 남편들이여, 부디 따뜻한 말 한마디로 아내들의 마음을 어루만져 주기를. 그리고 자존심 때문에 속으로만 원망하는 아내들이여, 알아서 표현해 주기

만 기대하지 말고 때로는 옆구리 찔러서라도 듣고 싶은 말
을 당당히 요구하기를. 서로 그것도 못 해주면 부부로 사는
게 무슨 재미인가.

사업의 성장이
곧 부부의 역사가 된다

진실로 결합된 부부에게는 젊음의 상실도 이미 불행이 아니다.
함께 늙는 즐거움이 노인이 되는 괴로움을 망각시켜 주기 때문이다.
- 모로이 -

최근에 남편이 차를 바꿨다. 나름 국산차 중에서는 제일 좋은 차를 샀다고 애지중지하며 손세차를 한다고 난리다. 그 모습을 보고 내가 한마디 거들었다. 손세차해서 1년 더 타느니 그냥 기계 세차해서 1년 덜 타고 새로 사는 게 낫지, 뭐 하러 힘들게 신경 쓰냐고 말이다. 예전에 회사 차는 우리 회사 이름을 달고 다니니까 비 오는 날 우산 쓰고라도 세차해 줬지만 우리 집 차는 여간해서는 손세차를 하는 법이 없다. 먼지야 비 오면 씻겨 나갈 것이고, 엔진만 이상 없다면 무슨 상관인가. 아무리 비싸고 대단한 차라고 해봐야 소모품일 뿐이다. 그런데도 사람들은 새 차를 사면 틈만 나면 손세차를 하는 것은 물론이고 인테리어는 이렇게, 휠은 저렇게, 애면글면 공을 들인다.

물론 차 관리 잘해서 20년, 30년씩 알뜰하게 타는 사람도 있기는 하다. 하지만 대부분은 길어야 2년, 그 후로는 처음의 절반도 신경을 쓰지 않는다. 사실 그렇게 애지중지한다고 해서 그 차 생명이 얼마나 연장될 것이며, 살면서 더 중요하고 신경 쓸 일이 얼마나 많은데 차에 시간과 노력을 쏟아 붓는 것이 무슨 의미가 있을까? 그저 꼭 필요한 관리만 하면서 10년 탈 거 8년 타고 바꾸면 된다. 8년마다 한 대씩 바꾼다고 해도 앞으로 두어 번쯤 바꾸면 우리 인생도 끝이 날 것이다. 그렇게 생각하니 인생 짧다던 어른들 말씀이 피부에 와 닿는 것도 같다.

우리 부부가 살아온 세월이 어느덧 26년. 처음 설렁탕집을 할 때 손수레 끌고 선생님들 도시락 배달을 하던 게 엊그제 같은데, 이제 최고급 승용차도 턱하니 살 수 있는 형편이 되고 보니 새삼 지난날을 돌아보게 된다. 보통 부부가 결혼해서 집을 늘려 가고, 차를 바꿔 가면서 부부의 역사를 써가지 않던가. 우리도 마찬가지다. 우리 사업이 성장해 온 과정이 곧 우리 부부의 역사인 것이다.

그런 점에서 자동차는 우리 부부의 역사를 단적으로 보여주는 상징이라고 할 수 있다. 우리의 첫 차는 20년 전에 산 티코였다. 더 좋은 차를 살 수도 있었지만 원체 낭비는 딱 질색인 데다 남의 눈을 의식하는 사람도 아니라 티코도 중고로 샀었다. 그나마도 뒷좌석을 떼어내고 개조를 한 차였다. 지금 생각해 보면 어이가 없지만 그 티코와 함께 웃지 못할 추억도 많다. 배달하느라 짐을 잔뜩 싣고 가다 보면 낡은 차라 그랬는지 뒷범퍼가 구부러져 바퀴를 눌렀다. 그러면 내려서 범퍼를 다시 밖으로 당겨 놓고 아무렇지 않게 다시 배달을 갔다. 한번은 그 작은 차에 7명이 탄 적도 있었다. 개조한 뒷자리에 옹기종기 앉았다가 휴게소에 도착해서 무려 7명이 내렸더니 지켜보던 사람들이 깜짝 놀라는 것 아닌가. 예전 영화나 코미디 프로그램에서 보았던, 작은 차에서 끝도 없이 사람이 나오는 장면 그대로였다. 하지만 그때는 그런 게 하나도 창피하지 않았다. 그뿐인가, 지방 다녀오는 길에 도로가 너무 밀리기도 했지만 여관비를 아끼겠다는 심산에 티코에서 넷이 잠을 자기도 했었다. 여유가 없어서가 아니었다. 오히려 한창 수익이 나던 때라 버는 족족 모아야지 하는 생각뿐, 돈 쓰는 데는 전혀 관심이 없던 시절이었다.

그다음 티코에서 프라이드로 넘어갔을 때도 중고였고, 이어서 산크레도스도 중고였다. 하도 중고만 사니까 남들이 한소리 할 정도였다. 하루는 지인의 결혼식에 갔는데, 사람들이 우리 차를 보더니 돈도 많이 벌었다면서 어쩜 그렇게 당장이라도 퍼질 것 같은 고물차를 타고 다니냐고, 너무 궁색해 보인다고 한마디씩 했다. 하지만 우리에게 자동차는 그야말로 소모품 그 이상도 이하도 아니었다. 솔직히 중고차를 바꿀 때도 더 이상 탈 수 없어서가 아니라 주변의 사정 어려운 분들 돕는 셈 치고 구입한 것이었다. 지금은 최고급 국산차를 타고 있지만, 이 차 역시 보험일을 하는 지인이 사정이 생겼다며 한밤중에 찾아와 팔아 달라는 바람에 얼결에 사게 되었다. 중고차든 새 차든 부득이한 사정 때문에 사게 된 것뿐, 자동차로 뭔가를 증명하거나 과시하고 싶은 생각은 눈곱만큼도 없었다는 이야기다.

지금 타는 새 차를 구입할 당시, 한 가지 재미난 사건이 있었다. 찻값을 치르고 오랜만에 기분 좀 내보자 하고 달리는데 갑자기 덜컥 문이 잠기는 것이 아닌가. 둘이 얼마나 소스라치게 놀랐던지……. 그동안 오래된 중고차만 타느라 자동 잠금장치가 달린 차가 처음이라서 깜짝 놀랐던 것이다. 하긴 몇 년 전에 잠깐 직원 차를 빌려 탔는데 승차감이 어찌나 좋던지, 그제야 사람들이 이래서 좋은 차를 타는구나 하고 처음 깨달았었다. 이래저래 우리도 참 어지간한 사람임에는 틀림없다.

되돌아보면 승용차뿐만 아니라 승합차, 트럭 등등 우리가 하는 일에 따라 차는 계속 바뀌었다. 유통업을 할 때는 회사 차만 20~30대에 달한 적도 있었고, 차가 많은 만큼 크고 작은 사고도 참 많이 겪었다. 차 하나만 죽 나열해 봐도 우리 부부가 살아온 날들이 병풍처럼 펼쳐지는 셈이다. 우리에게 차가 그렇듯이 누구나 돌아보면 자신의 삶을 대변하는 상징적인 무언가가 하나씩 있을 것이다. 아무리 굴곡 많고 풍랑 거센 인생이라 할지라도, 그 삶을 떠받쳐 온 자기만의 에너지가 있는 것처럼 말이다.

살면서 우여곡절은 누구나 겪는다. 지금 내가 범퍼가 휘어 바퀴를 누르는 중고 경차를 타고 있다고 해서 내일 최고급 세단을 타지 말라는 법은 없다. 마찬가지로 최고급 세단을 탄다고 해서 무조건 뻥 뚫린 고속도로만 달리게 된다는 보장도 없다. 인생 살다 보면 비탈길이나 막다른 길을 언제든 만날 수 있다. 성능 좋은 내비게이션을 켜놓고 휘

파람 불며 달리다가도 막다른 길에 맞닥뜨릴 때가 있지 않은가.

앞으로 남은 인생, 우리 부부가 탈 수 있는 차는 기껏해야 한두 대가 전부일 것이다. 아무리 좋은 차가 나온다고 해도 말썽 피우지 않는 한 바꿀 계획이 없으니까 말이다. 지금 타는 새 차도 우리 따라 연식이 더해지면 중고가 되고 고물이 되겠지. 차도 우리도 엔진에 녹이 슬고 모든 것이 느려지는 어느 때가 올 것이다. 그때쯤 우리 부부는 어떤 모습으로 어떤 삶을 살고 있을까? 아직은 모르겠다. 다만 새것이 주는 매끈한 즐거움보다 오래된 것이 품은 투박한 편안함을 더 소중히 여기는 마음은 지금까지와 다르지 않을 것 같다. 그리고 세상 무엇보다 오랜 세월 함께해 온 서로의 어깨를 토닥토닥 두드려 주며 이렇게 말할 것이다. "여보, 우리 참 열심히 잘 살아왔지? 당신이 있어서 할 수 있었어요. 고맙습니다."

부부라도
둘만의 탈출구가 있어야 한다

부부가 진정으로 서로 사랑하고 있으면 칼날 폭만큼의 침대에서도 잠잘 수 있지만,
서로 반목하기 시작하면 10미터나 폭이 넓은 침대로도 너무 좁아진다.
- 《탈무드》 중에서 -

우리가 아침부터 밤까지 무섭게 일하는 걸 지켜본 사람들은 대체
건강 비결이 뭐냐고 묻곤 한다. 그때마다 딱히 대답할 말이 없는데, 일
하는 것 외에는 따로 건강관리를 한 기억이 없기 때문이다. 먹는 거라
곤 남들처럼 밥 세 끼가 전부, 보약은커녕 그 흔한 건강식품 한번 챙
겨 먹어본 적이 없다. 그래서 요즘 우리 부부는 저녁 장사가 시작되기
전, 한 시간씩 동네 산책을 한다. 날씨가 안 좋거나 일이 많은 날을 제
외하곤 웬만하면 지키려고 한다. 식당에서 하루 종일 일만 하다 보니
이제는 조금 여유를 가져야겠다는 생각을 하게 된 것이다.

사실 우리는 신체적인 건강보다 정신적인 건강이 더 중요하다고 믿
는 편이다. 웬만큼 아파도 정신력이 강하면 이겨낼 수 있기 때문이다.
심지어 암에 걸려도 정신력이 뒷받침되지 않으면 그 길고 힘든 치료
과정을 버텨 내기가 어렵고, 치료 효과나 회복 속도도 떨어진다고 하

지 않나. 그런데 요즘 젊은 친구들을 보면 식스팩이니 꿀벅지니 하면서 보기 좋은 몸을 만드는 데는 열심인 반면, 정신력을 키우는 데는 별 관심이 없어 보인다. 꼭 우리 때처럼 죽기 살기로 해야 한다는 말이 아니다. 다만 체력적으로나 정신적으로나 일정한 목표에 도달할 때까지 버틸 수 있는 지구력이 부족해 보이는 것은 사실이다. 우리가 어릴 때 많이 듣던 표어 중에 이런 말이 있었다. "건강한 육체에 건강한 정신." 정말 좋은 말 아닌가? 아름다운 몸, 보기 좋은 몸을 만드는 것도 중요하지만 무엇보다 어떤 시련에도 흔들리지 않고 이겨낼 수 있는 정신의 건강을 단단하게 키우는 것이 가장 중요한 일이 아닐까 싶다.

그런 면에서 우리는 자연과 더불어 마음껏 뛰놀며 자랄 수 있던 어린 시절의 환경에 고마워할 때가 많다. 비록 둘 다 가난한 형편이었지만 아내는 강원도 산골짜기에서 자연과 호흡하며 꿈을 키웠고, 나 역시 전남 광양의 넉넉한 산과 바다를 벗 삼아 건강하게 뛰놀며 배포를 키웠으니 말이다. 정신이 건강하면 작은 것에도 기뻐할 줄 알고 힘든 가운데에도 행복을 찾는 여유를 가질 수 있다. 남들이 보기에는 매일 뼈 빠지게 일만 한 것으로 보이겠지만, 우리도 짬짬이 작은 행복을 누리며 살아왔다. 지금까지 우리 부부가 가장 행복했던 순간으로 꼽는 날이 있다. 처음으로 소파를 산 날이었다. 7,000만 원짜리 연립으로 이사하면서 당시만 해도 사치품에 속했던 소파를 사놓고 둘이 하도 좋아서 펄쩍펄쩍 뛰었던 기억이 지금도 선명하다. 정말 좋았다. 소파를 들여놓고는 서로 누워봐, 누워봐 하면서 신이 났었다. 우리 자신이 정말 자랑스럽고 대견했던 것이다. 그렇게 우리만의 소박한 행복을 누리고, 그것으로 위안받으며 재충전해서 다시 일터로 나가곤 했던 것이다.

그런 면에서도 우리 부부는 잘 맞았던 것 같다. 벌기만 하고 쓸 줄 모르는 것도, 벌 생각은 뒷전이고 쓰는 데만 열중하는 성격도 아니다 보니 일할 땐 정말 열심히 일하고, 또 일하면서 쌓인 스트레스를 풀 수 있는 나름의 방법을 찾았었다. 이것은 부부가 함께 일을 할 때 상당히 중요한 부분이다. 생활만 같이해도 지치는 날이 있는데, 하루 종일 일까지 함께한다면 얼마나 피곤하고 지치는 일들이 많겠는가. 그럴 때를 대비해서라도 부부간에는 반드시 함께할 수 있는 취미나 자신들만의 탈출구를 만들어 놓아야 한다.

지금도 초가집, 기와집 두 곳 관리하느라 바쁘지만 어김없이 우리 둘만의 탈출구를 마련해 놓았다. 일명 '식당 투어'. 맛집으로 소문난 식당이나 오가다 새로 생긴 집이 보이면 시간 나는 대로 찾아가 본다. 우리에게 도움을 청하는 사람이 있으면 그 집에 가서 도와줄 건 없는지 살펴보고, 어느 집이 유명하다고 하면 그 집에서 배워올 건 없는지 가보는 것이다. 남들 눈에는 슬렁슬렁 노는 것으로 보일지 모르나 우리 부부에게는 재미나면서도 꽤 중요한 시간이다. 왜냐하면 어느 가게든 입구에 딱 들어서는 순간, 직원은 잘 됐나, 메뉴는 뭘까, 잘되겠구나, 이 집은 안 되겠네 그런 것들이 한눈에 보이기 때문이다. 그러다 눈에 띄는 점이나 응용할 부분이 있으면 우리 집에도 접목을 시킨다. 나무 하나 잘라다 놨을 뿐인데 참 운치가 있다든지, 못 보던 시설물로 잘 꾸며놨다든지, 혹은 가게에 어떤 문구가 필요한데 아주 적절한 문구를 써놓은 집이 있다면 거기서 힌트를 얻어 응용을 하는 식으로 말이다.

결국은 그것도 일 아니냐고 하면 할 말은 없지만, 그조차도 일로 생각한다면 얼마나 스트레스인가. 열심히 하는 사람이 즐기면서 하는 사람 못 당한다고 했다. 그런 의미에서 부부가 같은 취미를 가지고 있는 것도 좋은 일이다. 함께할 수 있는 무언가가 있다는 것은 얼마나 즐거운 일인가. 게다가 그것이 일로도 연결된다면 금상첨화이고 말이다. 식당 투어가 우리에게 바로 그것이다. 그래서 우리는 시간이 날 때마다 수원 일대를 다니기도 하고, 일이 있어 지방에 간 날은 그 지역에서 소문난 집을 다녀오기도 한다.

그렇게 다니다 보니 어떤 날은 손님이 들 시간이 됐는데도 생각보다 많지 않다 싶으면 일단 차를 끌고 나가 본다. 나가서 다른 식당들 사정은 어떤지, 손님이 많은지 적은지 살피고 오는 것이다. 주변의 식당을 한 바퀴 빙 돌고 와보니 그래도 우리 집 주차장에 차가 제일 많은 것을 확인한다. 그 순간 느껴지는 뿌듯함과 안도감, 그것이야말로 우리가 누릴 수 있는 최고의 기쁨이자 우리가 건재할 수 있도록 지켜주는 최고의 건강 비결인 것 같다.

언젠가 행복한 삶을 위해 필요한 10가지 핵심 요인에 관한 글을 본

적이 있다. 외국 학술지에 실린 연구 결과라고 하는데, 가장 중요한 요인은 자신을 행복하게 만들 수 있는 개인적 기질이나 삶의 방식을 개발하라는 것이었다. 우리가 지금도 식당 일을 열심히 재미있게 하고, 시간이 나면 조금이라도 더 업그레이드할 것이 없나 찾아다니는 것을 보면 우리는 천생 장사꾼임에 틀림없다. 그런 기질을 타고나지 않았다면 1년 365일, 아침부터 저녁까지 매달려야 하는 일을 하면서 행복하다고 느낄 수 있겠는가. 그 연구에서는 행복한 삶을 위한 다른 요인들로 결혼할 것, 친구를 사귀고 소중히 여길 것, 욕심을 줄일 것, 다른 사람에게 도움을 베풀 것 등을 꼽았다. 어쩌면 그렇게 우리가 살아온 방식과 정확히 일치하는지, 놀랍고 신기하면서 한편으로는 고개가 끄덕여졌다. 행복은 열심히 바르게 살아가는 가운데 자연스럽게 따라오는 것이지, 행복해지기 위해 의식적으로 노력한다고 해서 얻어지는 것이 아니라는 진리를 새삼 깨달았기 때문이다.

부부가 생활만 같이해도 지치는 날이 있는데, 하루 종일
일까지 함께한다면 얼마나 피곤하고 지치는 일들이 많겠는가.
그럴 때를 대비해서라도 부부간에는 반드시 함께할 수 있는
취미나 자신들만의 탈출구를 만들어 놓아야 한다.

표현을 아낄수록
더 큰 것을 잃게 된다

가장 과묵한 남편은 가장 사나운 아내를 만든다.
남편이 너무 조용하면 아내는 사나워진다.
- 벤저민 디즈레일리 -

나는 어릴 때 별명이 참새였다. 자그마한 체구로 어른들 앞에서 재미나게 이야기하는 모습이 예쁘다고 식구들이 붙여준 별명이었다. 나는 어릴 때부터 내 생각, 내 마음을 표현하는 일에 스스럼이 없는 반면 남편은 정말 무뚝뚝하고 표현을 못한다. 드라마 한 편을 같이 봐도 "여보, 재밌어?" 하면 "재밌어" 한마디면 될 걸 아무 반응이 없다. 내가 "재밌어? 응?" 하고 다그쳐야 그제야 마지못해 "으응" 하는 사람이다. 본인 말로는 안 해봐서 그렇다는데, 이렇게 하면 된다고 가르쳐 줘도 안 하는 건 무슨 심보일까? 그러니 남편이 먼저 나를 챙기고 선물하는 일은 지금까지 있어 본 적도 없거니와 기대하지도 않고 살았다.

하도 뚝뚝하니 한번은 촬영차 온 피디가 남편에게 나를 위해 라면을 하나 삶아 주라고 주문을 했다. 피디가 시키는 대로 라면을 끓이고 거기에 낙지랑 전복까지 넣어서 가져다줬는데 어찌나 짠지 먹을 수가 없을 지경이었다. 그래도 마누라한테 라면 대접해 주라니 싫다 소리 안 하고 묵묵히 끓여준 그 마음이 고마웠다. 비단 가족에게만이 아니라 다른 사람한테도 마찬가지니 그나마 공평하다고 해야 하나? 오늘 1,000만 원 매출을 목표로 했는데 1,500만 원을 팔았으면 끝나고 나서 직원들에게 "다들 고생했어요"라는 당연한 인사조차 못하니 말이다.

그런 모습을 볼 때마다 나는 늘 안타깝다. 인생이 길다면 길지만 짧다면 또 얼마나 짧은가. 그래서 아끼던 사람이 가고 나면 제일 후회하는 게 왜 좀 더 표현하지 못했을까 하는 것이라지 않던가. 솔직한 사람 앞에 장사 없다고 했다. 진심이 담긴 미안합니다, 고맙습니다, 이 한마디면 웬만한 잘못도 용서가 되고, 어떤 칭찬보다 사람을 기분 좋게 만들어 준다. 그런데 남편뿐만 아니라 많은 사람이 그 말을 못한다. 아니, 안 하는 건가?

마음을 솔직하게 표현한다는 것은 결코 상대방에게 한 수 접고 들어가는 일이 아니다. 그런데도 사람들은 먼저 마음을 드러내면 손해라고 생각하는 것 같다. 아마도 자기 마음을 표현했다가 상대가 제대로 받아 주지 않아 망신을 당할 것 같은 두려움, 또 어렵게 표현했는데도 사랑받지 못하고, 인정받지 못할 것 같은 두려움 때문이 아닐까? 결국 우리 모두는 사랑받고 싶고, 인정받고 싶은 욕망이 크다 보니 오히려 그 마음을 순수하게 표현하지 못하는지도 모르겠다.

세상을 살아가면서 마음의 두려움을 벗는 일은 정말 중요하다. 그런 면에서 나는 자유롭다고 말할 수 있다. 그렇지 않았다면 남편과의 첫 데이트에서 당당하게 음식을 싸가지고 가겠다는 말을 할 수 없었을 것이다. 나는 내 본 모습에 충실했고, 지금까지 그렇게 살아왔다. 자기 자신에게 당당한 사람은 다른 사람도 있는 모습 그대로 인정할 줄 안다. 그래서 진심을 표현하는 데 두려움이 없고, 나 역시 가족뿐만 아니라 다른 사람에게도 진심을 전하려 노력해 왔다. 하지만 마음을 표현하는 일은 아무리 많이 해도 지나치지 않을뿐더러 늘 해도 해도 모자란다는 것을 시어머니가 돌아가신 후 깨달았다.

　나는 시어머니에게 정말 사랑을 많이 받았고, 나도 어머니에게 순종하는 며느리로 살았다. 그랬어도 시어머니가 떠나시고 나니 옆에 계실 때 더 표현할걸, 사랑한다고 죄송하다고 더 자주 말할걸 하는 후회가 사무쳤다. 흔히 말 아껴서 나쁠 것 없다고 하지만 말 한마디로 천 냥 빚 갚는다는 속담도 있지 않은가. 남을 흠집 내는 말이야 아낄수록 좋지만 고맙다, 사랑한다는 말은 많이 할수록 우리 삶을 아름답고 따뜻하게 만들어 준다. 그러니 우선 제일 가까운 사람에게라도 먼저 표현하고 살았으면 좋겠다. 그 말들이 물방울 번지듯 퍼져 나간다면 이 세상은 또 얼마나 아름다워질 것인가.

　사실은 내 남편에게 가장 하고 싶은 말이기도 하다. 정 말하기 어려우면 마음을 담은 머리핀 하나라도 건네면 얼마나 좋을까. 이 남자는 그것도 할 줄 모르니 어디 하소연할 데도 없고 답답하기가 이를 데 없다. 그래서 자연히 나도 생전 안 하던 선물 타령을 하게 되었다. 몇 번 구시렁거렸더니 하루는 돈이 없어서 못 사나, 사고 싶은 게 있으면 마음대로 사라며 1,000만 원을 불쑥 내밀었다. 그래 놓고는 내가 금고에 넣어둘 줄 뻔히 알면서 돈 줬더니 안 쓴단다. 작은 것 하나라도 남편이 내 생각해서 직접 골라 선물해 주는 것과 내 마음에 드는 걸 사는 건 전혀 다른 문제다.

우리 부부는 큰일 앞에서는 대범한데 오히려 이런 사소한 일로 종종 티격태격한다. 시아주버니들이나 다른 남자들이 아내한테 어떻게 하는지 좀 보고 배우라고 하면 그야 아내에게 죄를 졌거나 능력 없는 남자들이나 그렇게 하는 거지 자기처럼 능력 있겠다, 잘생겼겠다, 멋있으면 할 이유가 없다는 것이다. 거기에 다정하기까지 하면 얼마나 완벽하겠냐고 구슬려도 소용이 없다. 그러다 보니 이제는 해주면 고맙고, 안 해주는 건 당연한 게 되어 버렸지만 지금까지 허튼짓 한번 안 하고 성실하게 살아준 것만도 고마워서 조금 섭섭해도 이해하고 넘어간다.

마음도 그렇고, 머리로도 이해하는데 요즘 들어 부쩍 남편의 칭찬이나 애정 표현이 아쉬운 건 왜일까. 아마도 이젠 나이가 들었다는 뜻일 게다. 한창 젊고 건강할 땐 무서운 게 없었지만 이젠 자꾸 겁이 난다. 아프면 어떡하나, 사랑하는 가족을 잃게 되면 어떡하나, 또 뭔가 안 좋은 일이 생기면 어떡하나 하는 걱정이 늘어난 것이다. 50대에 접어든 뒤로는 몸도 예전 같지 않아서 좀 무리했다 싶은 다음 날은 아침 10시가 돼도 눈이 안 떠진다. 여태 경주마처럼 앞만 보고 살아왔는데, 돌아보면 내 인생에서 뚜렷이 남은 게 없는 것 같다는 생각이 자꾸 든다. 그렇게 순간순간 헛헛한 마음이 들다 보니 남편에게 내가 아직도 꼭 필요한 존재인지 확인받고 싶고, 위로받고 싶을 때가 많아진다. 몸도 마음도 축축 늘어질 땐 벌떡 일어나 마당에도 한번 나가 보고 가볍게 산책이라도 하면 건강에도 좋고 기분 전환도 된다는 걸 모르는 바가 아니다. 그냥 요즘은 그러기가 싫은 것이다. 아침에 일어나기도 싫고, 이불 속에서 꼼지락거리면서 TV나 봤으면 좋겠다 싶고, 그러다가 앞으로도 계속 이러면 어쩌지 하는 걱정이 들어서 이래저래 마음이 어지럽다.

한편으로는 내가 이러니 남편도 그렇지 않을까 생각을 해본다. 나는 이런 변화를 겪고 있는데 남편이라고 심신이 거뜬할까 싶은 것이다. 그래서 종종 이런 말을 한다. "여보, 당신도 예전 같지 않지? 나도 예전 같지 않아." 이제 내 몸과 마음이 자꾸 약해지고 있다는 신호를 보내는 것이다. 그럼 남편은 지금도 안 늦었으니 무거운 짐 다 내려놓고 편하게 지내라고 한다. 하지만 손 놓고 쉬란다고 해서 지금까지 해온 일을 완전히 나 몰라라 할 수도, 그렇게 되어지지도 않을 것이다. 다만 그동안 10시간을 쉼 없이 일했다면 이제는 그중 한 시간이라도 우리 자신을 위해 쓰면서 사는 맛을 느껴 보고 싶다는 뜻이다.

나는 지금도 일을 할 땐 누구보다 열심히 한다. 다만 가끔씩 스스로 약해지고 지쳤다고 생각될 때, 다른 누구도 아닌 내 남편이 "당신 참 고생하네. 고맙소, 사랑해요"라는 말과 함께 마당에 핀 장미꽃 한 송이 꺾어 준다면 얼마나 좋을까 싶은 것이다. 이 글을 읽는 독자들도 오랜 세월 서로의 옆자리를 지켜준 사람에게 아낌없이 마음을 표현하기 바란다. 표현 좀 하고 살자, 돈 드는 일도 아닌데 뭐가 그리 아까운가?

서로에게 멘토가 되고
서로를 멘토로 삼아라

부부란 둘이 서로 반씩 되는 것이 아니라 하나로써 전체가 되는 것이다.

- 반 고흐 -

올 초에 친정엄마가 돌아가셨다. 엄마를 보내드린 지도 1년이 다 되어 가지만 여전히 엄마 생각에 울컥해지곤 한다. 어쩌다 보는 저녁 노을도 그렇게 쓸쓸할 수가 없다. 그리고 문득 사랑하는 사람들이 갑자기 내 곁을 떠나가면 어쩌나 하는 두려움이 엄습할 때도 있다. 함께 있다는 것만으로도 위로가 되고 힘이 되는 사람이 바로 가족이기 때문이다.

남편을 처음 만난 날로부터 어느새 26년이 흘렀다. 서로를 모른 채 살았던 날보다 더 많은 날을 함께해 온 셈이다. 그리고 그 시간 동안 우리는 하나가 되어 손발을 맞춰 살아왔다. 앞으로 우리가 얼마나 더 살아갈까 생각하면 순간순간이 더없이 소중하게 느껴진다. 남편도 같은 생각인 걸까? 몇 해 전부터 남편은 공공연하게 55세가 되면 모든 걸 내려놓겠다고 은퇴 선언을 해왔다. 자기는 120세까지 살 거니까

55세에 은퇴해서 남은 60년은 신나게 놀겠다는 것이다.

그 이야기를 들을 땐 나도 흔쾌히 동의했었지만 현실이 어디 그런가. 지금도 남편은 그 다짐에 변함이 없는 반면, 나는 어쩔 수 없이 현실을 먼저 생각하게 된다. 사실 5년 전쯤에 은퇴 생각을 할 때는 그로부터 5년 뒤라면 아들한테 식당을 물려주고 우리는 실컷 놀아도 될 것 같았다. 하지만 막상 그 시간이 가까워 오니 보이지 않던 것들이 눈에 들어오기 시작했다. 요즘 같은 고령화 시대에 55세는 은퇴를 하기에 너무 이르기도 하고, 결혼도 안 한 아들에게 물려주기에는 여러모로 시기상조라는 생각이 들었다. 무엇보다 몇 십 년 동안 매일같이 해온 일을 하루아침에 그만두고, 남아도는 그 많은 시간을 우리가 제대로 즐기고 활용할 수 있을지 의문이 들기도 했다. 그러느니 아들 옆에서 차근차근 가르치고 하나씩 넘겨주면서 관리를 도와주되, 일하는 양과 시간을 줄이며 우리 삶을 즐기면 된다고 해도 남편 생각은 아직 요지부동이다. 하지만 사실은 이 모두가 함께 있으니 할 수 있는 이야기고, 생각할 수 있는 미래다. 만약 어느 날 한 사람이 갑자기 떠나 버린다면 그때 남은 사람은 무얼 할 수 있을까? 어떻게 살아가게 될까? 평생을 함께해 왔던 사람이 사라지는 현실은 누구도 상상하고 싶지 않은 일이다.

아마도 혼자 남게 된다면 나는 미련 없이 식당부터 접을 것이다. 아들이 자기 짝과 함께 이어 가겠다면 모를까, 황금알을 하루에 서른 개씩 낳는다 해도 나 혼자서는 하지 않을 생각이다. 지금까지 식당 주인으로 살아왔다면 그때부턴 진짜 내 삶의 주인으로 살고 싶은 것이다. 누구나 꿈꾸듯이 우아한 커튼이 드리워진 집 창가에 앉아 여유 있게 차도 마시고, 좋은 음악도 들으면서 놀고 싶을 때 놀고, 자고 싶을 때 잘 수 있는 나만의 생활을 만끽하고 싶다. 이런 말을 하면 남편은 가볍게 흘기며 한마디를 꼭 붙인다. "나 죽으면 자기도 따라 죽는다 해놓고선…… 이제 와서 딴소리하긴." 마음이 그렇다는 것이지 자식들을 두고 그럴 수는 없는 일 아닌가. 그러는 당신은 내가 먼저 가면 혼자 어떻게 살 거냐고 했더니 기왕 먼저 갈 거면 한 살이라도 젊을 때 빨리 가달라며 웃는다. 그렇게 짓궂은 농담을 건네고는 이내 자기도 식당은 정리할 것이라고 했다. "더 이상 손발 맞는 사람도 없는데 뭘……." 그 말에서 묻어나는 쓸쓸함에 괜히 마음이 짠해진다. 아마도 세상의 모든 부부가 이 질문 앞에서는 같은 심정 아닐까?

젊을 때는 옆에 있는 게 당연했지만 한 살 두 살 나이가 들면서는 옆에 있어 줘서 참 고맙다는 생각이 깊어지게 된다. 결국 남는 건 두 내외뿐이라는 말이 비로소 실감나는 순간이기도 하다. 미우니 고우니 해도 결국 내 맘 알아주는 이는 그래도 평생 한 이불 덮고 잔 사람 아닌가. 그런 사람과 평생 함께해 온 일이니, 애들이 어려서 먹고사는 일이 앞서지 않는 한 혼자 남아서까지 하고 싶은 사람은 없을 것이다. 이런 생각을 하다 보면 자연히 서로에 대한 애틋함이 커진다. 아직까지 둘 다 건강하고 함께 미래를 꿈꿀 수 있다는 것이 얼마나 큰 축복인가 말이다.

그래선지 요즘은 남편의 자리가 점점 커짐을 느낀다. 남편이 있으니 어딜 가도 함께 움직일 수 있어 좋고 든든하기 때문이다. 이 사람이 아니었다면 어느 누가 일에 있어서만큼은 까칠하고 깐깐하기 짝이 없는 나랑 손발 맞춰서 이만큼 해올 수 있었겠는가. 그리고 식당 말고는 사회생활 경험이 전혀 없는 내게 남편은 유일한 친구이자 가장 훌륭한 동반자이기도 하다. 사실 이젠 밖에 나가 누굴 만나려고 해도 만날 사람이 없다. 생전 연락 없다가 뜬금없이 어디 좀 가잔다고 가 줄 친구가 어디 있겠는가. 그러니 오로지 둘이서만 의지하고 갈 수밖에. 앞으로 1~2년 뒤, 쉰다섯에는 모든 걸 내려놓고 실컷 놀겠다는 선언은 이미 해버렸지만 솔직히 우리도 앞날이 어찌 될지는 알 수 없다. 다만 한 가지 확실한 것은 결혼식장에서 서약한 대로 하늘이 갈라놓는 그날까지는 그나 나나 서로의 곁을 지킬 거라는 점이다.

　"다시 태어나면 당신은 또 나랑 살 거야?" 내가 묻는다. 어차피 죽은 뒤의 일을 누가 알겠나. 다시 태어날 수 있을지 없을지, 또다시 여자 남자로 태어날지 아니면 동성으로 태어날지는 아무도 모르는 일이다. 그러니 듣는 사람 기분이라도 좋게 "그럼!" 하면 얼마나 좋을까. 하지만 이 융통성 없고 무뚝뚝한 남자는 "다른 사람하고도 한번 살아 보고 싶긴 해"라고 곧이곧대로 대답을 한다. 그런데 만약 "다시 태어난다면 또 장사를 할 거야?"라고 묻는다면 아마도 그나 나나 이구동성으로 이렇게 대답할 것이다. "배운 게 도둑질이라고……." 이 말은 곧 다시 태어나도 우린 서로를 만나고 함께 장사를 할 것이라는 이야기다. 전생, 현생, 후생을 다 뒤져 봐라, 자기나 나만큼 서로에게 손발 맞는 짝이 또 있을지. 이 생각을 하고 나니 갑자기 마음이 든든해진다. 말년까지 함께하고도 다음을 기약할 수 있는 사람이 있다는 것은 얼마나 커다란 축복인가. 그리하여 우리 인생이 한 편의 책이라면, 그 책의 맨 마지막 페이지는 아름다운 동화 같은 문구로 장식되기를 꿈꿔 본다.

"그렇게 초가집 마님과 기와집 머슴은 오래오래 행복하게 살았더랍니다."

젊을 때는 옆에 있는 게 당연했지만 한 살 두 살 나이가 들면서는 옆에 있어 줘서 참 고맙다는 생각이 깊어지게 된다. 결국 남는 건 두 내외뿐이라는 말이 비로소 실감나는 순간이기도 하다. 미우니 고우니 해도 결국 내 맘 알아주는 이는 그래도 평생 한 이불 덮고 잔 사람 아닌가.

아내와 나는 재미난 공통점이 있다. 형제 많은 집의 막내라는 것이다. 아내는 5남매의 막내, 나는 자그마치 8남매의 막내다. 태어나는 순간부터 대가족 속에서 부대끼며 살아서인지 우리 부부는 나보다 남을, 내 것보다 다른 사람 몫 먼저 챙기는 걸 당연하게 여기며 살아왔다. 경쟁은 점점 더 치열해지고 사는 일은 갈수록 팍팍해지는 시대, 내 것부터 챙겨도 아차 하는 순간 빼앗길 판인데 무슨 바보 같은 소리냐고?

하지만 우리는 남에게 잘해서 해될 것 없고, 오히려 남에게 잘할수록 복이 돌아온다는 말을 철칙처럼 믿고 있다. 또한 사회 구성원으로서의 책임과 역할에 대해서도 중요하게 생각한다. 우리 식구 챙기느라 우리 동네, 지역에서 벌어지는 일을 나 몰라라 한 적 없고, 작은 것이라도 우리가 할 수 있는 일을 먼저 찾아냈다.

그런다고 해서 늘 좋은 소리만 듣는 것은 아니다. 오지랖도 태평양이라는 핀잔을 듣는 일은 다반사에 때로는 우리 뜻과 달리 오해를 사기도 하고, 심지어 진심을 왜곡해서 받아들일 때면 속이 상하기도 한다. 그럴 때마다 내가 왜 사서 이 고생인가 하는 생각이 들지만, 그러다가도 곤경에 처한 이를 보거나 저 사람한테 이만큼만 힘을 실어줘도 도움이 될 텐데 싶으면 어김없이 나서게 되니, 어쩌면 일종의 배냇병인지도 모르겠다.

"큰돈을 벌어서 무얼 하고 싶소?"라고 물어보면 많은 사람들이 "이다음에 좋은 일도 좀 하고 싶다"고 대답한다. 다시 "그게 언제쯤이 될 것 같소?"라고 물어보면 "글쎄, 일단 여유가 좀 생기면⋯⋯" 하고 말끝을 흐린다. 일단 내 주머니가 두둑해지고 곳간 한가득 쟁여놓고 난 다음에야 좋은 일을 하겠다는 말이다. 하지만 누군가를 돕는 일은 뭔가 대단한 준비가 필요한 것이 아니다. 언제가 될지 모를 이다음에 큰 도움을 주겠다는 약속보다 당장 한 끼, 단돈 만 원을 주는 것이 지금 누군가에게는 더 큰 도움이 된다.

무려 300년간이나 부의 명맥을 지켜오며 12대 만석꾼을 지낸 경주 최 부잣집은 만 석 이상의 재산을 모으지 말고, 찾아오는 과객을 후하게 대접하고, 흉년에 남의 논밭을 사들이지 말고, 사방 100리 안에 굶어죽는 사람이 없게 하라는 철학을 가지고 있었다. 실제로 최 부잣집의 1년 쌀 생산량은 약 3,000석이었는데 1,000석은 자신이 사용하고, 1,000석은 과객에게 베풀고, 나머지 1,000석은 주변의 어려운 사람들에게 나눠주었다고 한다.

이 얼마나 넉넉하고 배포 큰 오지랖인가? 돈이 많다고 해서 누구나 할 수 있는 일이 아님에 틀림없다. 사실 우리 인간이 욕심을 버리지 못하는 것은 미래에 대한 두려움 때문이다. 언제 무슨 일이 생길지, 혹은 언제 망할지 모른다는 두려움에 자기도 모르게 점점 인색해지는 것이다. 그러나 하루하루 열심히 사는 사람이라면 미래를 두려워할 필요가 없다. 어떤 의미에서는 작은 것이라도 베풀고 배려하며 사는 것이 오히려 이기적인 삶인지도 모른다. 우리말에 '덕을 쌓는다'는 말을 참 좋아하는데, 내 경험상 덕을 쌓으면 반드시 나에게로 돌아오기 때문이다.

그러니 성공하고 싶다면 남을 위해 베풀어라. 나보다는 남을, 한 사람보다는 열 사람의 이익을 생각할 줄 아는 사회적인 책임감을 가지라는 뜻이다. 내 것 챙기기도 바쁜 세상에 무슨 한가한 소리냐고 할지 모르지만, 우리는 그 책임감을 잊지 않은 덕분에 오히려 더 크게 성장할 수 있었다. 지금 당장은 조금 느리게 가는 것 같고, 손해를 보는 것 같아도 결국은 그런 삶의 자세가 의미 있는 성공을 가져다주는 지름길이라고 우리 부부는 굳게 믿고 실천하려고 노력하고 있다.

다음은 내가 좋아하는 불교의 선시(禪詩) 가운데 한 구절이다.

"집이 천 칸이나 되는 대궐이라도

하룻밤 자는 데는 방 한 칸이면 족하고

만 석의 논을 가졌더라도

한 끼 먹는 데는 한 되 쌀이면 족하다."

누가 빼앗아갈세라 죽어라 움켜쥐고 살아도 자는 데 방 한 칸, 한 끼에 한 되 쌀인 것은 마찬가지다. 기와집 머슴은 오늘도 초가집 마님과 함께 방 한 칸, 밥 한 끼의 행복을 맛본다. 우리 모두가 그랬으면 좋겠다.

돈 버는 것보다 지키는 방법을 가르치는 것이 더 중요하다

자식은 우리를 비추는 거울, 결국 부모를 닮아 간다

공부도 합리적인 선택이 필요하다. 조기 유학은 NO!

"내가 널 어떻게 키웠는데" 할 것 없다. 누구나 스스로 큰다

얼마를 물려줄 것인가 vs 무엇을 물려줄 것인가

부모로 살아간다는 것은 죽을 때까지 풀어야 할 숙제다

초가집 마님의 인생 레시피 함께 가면 행복은 두 배

PART 03

부부의 백년대계,
아이가 존경하는 부모가
성공한 부모다

돈 버는 것보다 지키는 방법을
가르치는 것이 더 중요하다

자식에게 물고기를 잡아 먹이지 말고 물고기를 잡는 법을 가르쳐라.
- 《탈무드》중에서 -

한 뱃속에서 나온 자식도 아롱이다롱이라더니 우리 애들만 봐도 서로 참 다르다고 느낄 때가 많다. 예컨대 둘 다 낭비하는 스타일은 아니지만 돈 쓰는 분야가 완전히 반대다. 아들내미는 먹는 것도 대충 먹고 다른 건 철저하게 아끼는데, 옷이나 신발만큼은 백화점 것이어야 한다. 반면 딸내미는 옷이나 신발은 아무거나 입고 신는데, 먹는 것만큼은 맛있고 좋은 걸 먹어야 한다는 주의다. 옷은 동대문 같은 데서 5,000원, 만 원짜리를 사 입고, 때로는 만 원짜리 옷을 사서 하루 입고는 인터넷으로 5,000원에 되팔기도 한다. 한창 꾸밀 나이건만 수원에서 서울까지 등교하면서 아무렇지도 않게 슬리퍼를 신고 간다. 오죽하면 교수님이 제발 신발 좀 제대로 신고 오라고 하셨을까. 두 아이의 그런 상반된 모습을 보면 재밌기도 하고 귀엽기도 하면서 이런 게 자식 키우는 맛이지 싶다.

우리 부부는 아이들 키우면서 특별히 뭘 해라, 뭐가 돼야 한다는 이야기는 해본 적이 없다. 그 대신 딱 한 가지, 처음부터 신경 써서 가르친 것이 있다. 바로 경제 교육이다. 둘 다 일을 하느라 다른 부모만큼 같이 있어줄 수 없으니 자칫 경제 관념이 희박해질 우려가 있었기 때문이다. 그래서 돈의 가치와 소중함을 가르쳐 주기 위해 초등학교 때부터 각자 자기 통장을 만들어 주고 세뱃돈을 넣어 관리하게 했다. 또 용돈은 반드시 일을 해야 받을 수 있다고 가르쳤다. 설거지를 하면 500원, 마당 청소는 1,000원 식으로 돈이란 자기가 뭔가 노력해야만 그 대가로 얻어지는 것임을 철저히 가르쳤던 것이다.

또 한 가지 우리만의 경제 교육은 전화번호부 맨 뒷장 안쪽에 편지 봉투를 붙여 놓고 돈을 넣어 두는 것이었다. 아이들이 초등학교 때는 3만 원, 좀 자라면 5만 원, 중고등학생 때는 10만 원씩 넣어 필요할 때마다 봉투에서 꺼내 쓰게 했다. 그 대신 누가 언제 얼마 꺼내 갔다고 반드시 적어 두는 버릇을 들였다. 돈은 필요한데 부모가 집에 없다 보면 아무 주머니나 뒤져 꺼내 갈 수 있고, 그러다 보면 경제 관념이 흐려지는 것을 사전에 방지하기 위해서였다. 그래서 아예 일정 금액을 넣어 두고, 만화방을 가든 과자를 사먹든 학용품을 사든 상관없지만 지출 내역은 정확히 적고, 잔돈을 맞춰 넣어 놓게 했다. 그랬더니 어느 날부터는 저희끼리 나는 이렇게 쓰는데 넌 왜 그렇게 쓰냐는 둥, 분명히 얼마가 있었는데 왜 돈이 비냐는 둥 서로 견제를 하면서 조절하기 시작했다.

그러다 아이들이 중학교에 올라간 뒤에는 친구들과 어울리는 일이 많아지다 보니 그것만 갖고는 안 되겠다는 생각이 들었다. 그래서 혹시라도 우리가 어딜 가거나 집에 넣어 놨던 돈이 떨어져 당황스러운 상황이 될 때를 대비해 안전장치를 마련해 두었다. 동네 슈퍼 아줌마나 경비 아저씨에게 혹시라도 우리 아이들이 와서 돈을 부탁하거든 내주라고, 그럼 내가 와서 꼭 갚아 주겠다고 미리 부탁을 드려 놓은 것이다. 아이들에게도 급하게 돈이 필요하면 친구 엄마가 됐건, 슈퍼 아줌마가 됐건 믿을 수 있는 어른에게 사정을 이야기하고 도움을 청하라고 당부했다. 그것은 부모가 같이 있어줄 수 없는 환경에서 내 아이들을 지킬 수 있는 최선의 대안이었다. 장사도 그렇지만 집안일에 있어서도 이렇게 대안을 만들어 두는 일은 항상 도움이 되었다.

　아이들에게 항상 당부한 것이 또 한 가지 있다. 돈이 있다고 해서 함부로 쓰지 말고, 결코 너희 돈을 너희가 쓰면서 욕먹는 일이 생겨서는 안 된다고 말이다. 상대방에게 얼굴 찌푸리면서 돈을 쓰는 것은 제대로 쓰는 것이 아니니 쓸 때는 기분 좋게 쓰되, 그렇다고 10원짜리 하나라도 허투루 쓰면 안 된다고 강조했다. 그것은 곧 부모님의 가르침이기도 했다. 써야 할 때는 100만 원이든, 1,000만 원이든 쓰되, 그렇다고 내가 1,000만 원도 쓰는 사람인데 하고 100원, 1,000원을 쉽게 생각했다가는 순식간에 무너질 수 있다는 가르침이었다. 그렇게 듣고 자란 덕에 오늘날까지 남편도 나도 남의 돈은 1원 한 장까지 챙겼던 것이다. 그러니 교육의 힘이 얼마나 대단한가. 다행히 우리 아이들도 어려서부터 가르친 덕분에 이젠 알아서 용돈 관리하고, 적금도 들고, 펀드도 들면서 돈 관리만큼은 둘 다 똑 소리 나게 하고 있다.

우리가 공부하라는 말 대신 돈 관리하고 쓰는 법을 가르친 데는 그만한 이유가 있다. 인성이야 기본으로 갖춰야 하는 것이고, 이 시대를 살면서 가장 갖춰야 할 것은 경제 관념이라고 생각했기 때문이다. 그래야 돈을 왜 벌어야 하는지, 효율적으로 쓰는 방법은 무엇인지, 또 돈이 얼마나 고마운지도 알 것 아닌가. 많은 부모들이 그렇듯이 우리도 너무 없어 봤기 때문에 아이들에게만은 가난을 물려주고 싶지 않았다. 태어날 때 가난한 것은 죄가 아니지만 죽을 때 가난한 것은 자기 죄라는 말도 있지 않은가. 아무리 부모가 많은 유산을 남겨 줘도 관리할 능력이 없으면 잃는 건 한순간이다. 그나마 우리는 형제들이라도 많아서 어려울 때 정신적인 의지라도 할 수 있었지만, 우리가 떠난 후 오롯이 둘만 남을 아이들에게 물질적인 울타리마저 없다면 이 세상 살아가는 일이 얼마나 힘들 것인가.

부모가 큰 울타리였음을 우리도 양쪽 부모님이 모두 떠나신 뒤에야 깨달았다. 그래서 이제는 우리 아이들에게 든든한 울타리로 오래오래 있어 주는 것이 제일 큰 숙제가 아닐까 싶다. 어느 날 이런 이야기를 했더니 아들 하는 말이 걸작이다. 국가에서 인정한 노인 기준은 65세 이상이라며 그때까지는 엄살 피울 생각 말란다. 안 그러면 나중에 우리 제사상에 짜장면을 올리겠다고 협박하는 것이 아닌가. 그 대신 짬뽕 국물은 서비스란다. 하하하, 우리 아들 농담도 잘해서!

지금까지 아이들이 우리보다는 편한 환경에서 살아갈 수 있도록 기반을 닦는 데 주력했고, 이제 어느 정도 자리 잡았다고 생각한다. 그렇다고 우리가 잡았으니 너는 맛있게 먹기만 하라며 아이에게 물고기를 덥석 안겨 주는 건 결코 옳은 일이 아니다. 지금 다 먹을 게 아니라면 나중에 좀 더 여럿이 나눠 먹을 수 있도록 물고기를 잘 키우는 방법을 가르치는 것이 더 중요하다. 유대인의 교육법이 물고기 잡는 법을 가르치는 것이라면 우리 초가집의 교육법은 잡은 물고기를 잘 키워 관리하는 법이라고나 할까?

많은 부모들이 그렇듯이 우리도 너무 없어 봤기 때문에 아이들에게만은
가난을 물려주고 싶지 않았다. 태어날 때 가난한 것은 죄가 아니지만 죽을
때 가난한 것은 자기 죄라는 말도 있지 않은가. 아무리 부모가 많은 유산을
남겨 줘도 관리할 능력이 없으면 잃는 건 한순간이다.

자식은 우리를 비추는 거울,
결국 부모를 닮아 간다

어린이는 부모의 행위를 비춰 주는 거울이다.
- 스펜서 -

지금까지 장사를 하면서 가장 힘들었던 점을 꼽으라면 바로 아이들일 것이다. 아이들이 자라는 동안 남편과 나는 늘 밖에서 일을 하느라 다른 부모들처럼 옆에 있어 주지 못했다. 아이들 어릴 때 부지런히 돈을 벌어 놓으라는 시어머니 말씀도 있었지만, 아이들에게 가난을 물려주고 싶지 않다는 바람이 더 컸기 때문이다. 부모가 충분히 같이 있어 주지 못했는데도 비뚤어지거나 말썽 한번 일으키는 법 없이 잘 자라준 것도 돌아보면 참 고마운 일이다.

자식은 부모 공덕대로 간다는 말이 있다. 우리는 그 말을 굳게 믿었기에 할 수 있는 한 남을 더 배려하고 먼저 나누려고 했다. 부모님이 우리를 키울 때 그렇게 하셨으니 보고 배운 것일 테다. 보고 배운다는 말이 얼마나 무서운 말인가. 그래서 자식 가진 사람은 함부로 살면 안 된다고들 하는 것이다. 시어머니만 해도 정말 대단한 분이다. 어려운 형편에서 8남매를 거의 혼자 키우다시피 했는데, 없는 살림을 꾸리는 와중에도 자식에 대해서만큼은 지극정성이었다. 남편 말로는 어릴 때부터 새벽마다, 혹은 자식들 생일이면 장독대에 맑은 우물물 한 그릇 떠다 놓고 열심히 기원을 드렸다고 한다. 어린 눈으로 보기에도 그 정성이 얼마나 지극했으면 남편은 가끔 우리가 성공한 것이 모두 어머니의 기도 덕분이 아닐까라고 이야기한다. 그때마다 자식은 부모 공덕대로 간다는 말을 다시 한 번 가슴에 새기게 된다.

우리는 처음부터 양쪽 식구들을 따로 떼어놓고 생각해 본 적이 없다. 처가, 시댁 따질 것 없이 다 같은 가족이니, 나눌 건 나누고 챙길 일은 챙겨 가며 더불어 살아야 한다고 여겼다. 그래서 부모님을 구심점으로 형제간에 챙기며 사는 것은 우리에게 지극히 당연한 일이었다.

어머니가 우리 집에 와 계실 땐 굳이 어떻게 해달라는 말이 없어도 솔선수범해서 집안 문제를 해결하러 나섰고, 큰댁에 계실 땐 우리에게 아무리 좋은 것이 들어와도 어른이 계신 큰댁으로 바리바리 싸 보냈다. 남편도 부모님과 조상을 모시는 일에 있어서는 막내답지 않게 두 팔 걷어붙이고 나서서 정성을 다했다. 물론 우리 둘 다 당연한 도리라고 생각해서 한 일이지만, 다른 한편으로는 우리 자식에게 먼저 모범을 보이는 일이기도 했다. 효도해라, 공경해라 백 번 말하는 것보다 부모가 어른들 잘 모시고 형제간에 우애 있게 지내는 모습을 직접 보여 주는 것이 더 큰 교육이 아니겠는가.

남편과 나는 가족을 위해 쓰는 돈을 가지고 지금까지 단 한 번도 이러쿵저러쿵 해본 적이 없다. 그냥 그런 사정이 있구나 하고 넘어갈 뿐, 그걸 꼭 우리가 해야 하네 마네 토를 달거나 문제 삼지 않는다. 그 게 마냥 좋아서만은 아니다. 우리도 사람인데 마냥 편할 수만은 없지 않겠는가. 다만 서로의 입장과 상황에 대한 배려인 것이다. 내가 보기 에는 좀 지나친 것 같지만 만약 나중에라도 내가 친정에 비슷한 일이 생겼을 때 남편이 뭐라고 하면 얼마나 속상할까 싶어 그냥 알아서 하 게 둔다.

어머니의 영향인지 남편은 봉사와 배려가 몸에 배어 있다. 나 할 거 다하고 여유가 있을 때 봉사를 하겠다는 건 거짓말이라는 게 남편의 지론이다. 억만장자도 돈은 항상 부족하게 돼 있고 돈이 많으면 쓸 데 도 많은 법이니, 돈이 많다고 봉사를 하는 게 아니라 봉사를 먼저 하 고 남으면 쓰는 게 옳다는 말을 아이들에게 입버릇처럼 해왔다. 백 번 지당한 말씀이고 그런 남편이 존경스러운 것은 사실이지만 솔직히 가 끔은 머리 따로, 마음 따로일 때도 있다. 사실 말이지 요즘 같은 시대 에 누가 그렇게 남 위주로 살겠는가. 그런데 남편은 비단 집안일에 있 어서만이 아니라 회사를 할 때나 식당을 하는 지금이나 직원들을 먼 저 배려하고 챙기는 것이 습관처럼 되어 있다.

그냥 천성이라고 보아 넘길 수도 있지만 남편이 그렇게 하는 진짜 이유는 따로 있다. 부모는 자식의 거울이기 때문이다. 부모가 살아온 모습은 그대로 자식이 삶을 살아가는 자세와 방향이 되기 때문에 함부로 살 수가 없다는 것이다. 우리도 부모님의 모습을 보고 배우며 자라 오늘의 우리가 만들어진 것 아니냐고 말이다. 그 말을 들으니 내 거울이 나를 지켜보고 있다는 생각에 정신이 번쩍 들었다. 우리가 열심히 사는 것은 결국 자식을 위해서라고 할 수 있는데, 아무리 좋은 선생을 붙여 교육을 시킨들 부모인 내가 그릇된 삶을 살고 있다면 그게 다 무슨 소용이겠는가.

그렇게 살아오다 보니 이제는 집에 좋은 물건이나 선물이 들어오면 아이들이 먼저 "이거 또 큰집 가는 거지?" 한다. 아이들로서는 섭섭할 때도 있고, 우리보다 잘사는데 왜 주냐며 이해를 못 할 때도 있다. 하지만 그러면서도 우리가 하는 행동과 자세는 보고 배우게 되어 있다. 우리가 바라는 것도 그것뿐이다. 부모한테 보고 배운 대로 남에게 민폐 끼치지 말고 정직하고 성실하게 살았으면 하는 것이다. 아이들에게 항상 어디 갈 때, 특히 어른 뵈러 갈 땐 빈손으로 가는 거 아니라고 가르쳤더니, 이제는 집에 올 때 꼭 전화를 해서 뭐 필요한 것 없느냐고, 뭐 사갈까 하고 묻는다. 그러고는 밖에서 자기들이 먹어 보고 맛있었던 것을 사다 준다. 남편은 툭하면 초콜릿 범벅인 데다 죄 자기들 좋아하는 것뿐이라고 한마디 하지만 엄마 아빠 생각해서 챙겨 들고 오는 그 마음이 얼마나 예쁜지 모르겠다.

남편과 나는 부모에게 보고 배운 대로 열과 성을 다해 우리에게 주어진 인생을 살아왔다. 잘 닦인 거울 속 모습처럼 우리를 보고 우리 아이들도 열정과 성실함으로 자기 인생을 살아 냈으면 좋겠다. 세상에 자식 내놓은 부모로서 그 이상 무슨 바람이 있겠는가. 우리 아이들이 살아가는 모습을 통해 적어도 우리가 그릇된 삶을 살지는 않았다는 확인을 받고 싶은 것뿐이다. 자식은 우리의 거울이다. 그래서 우리는 자식이 제일 무섭다.

자식은 부모 공덕대로 간다는 말이 있다. 우리는 그 말을 굳게
믿었기에 할 수 있는 한 남을 더 배려하고 먼저 나누려고 했다.
부모님이 우리를 키울 때 그렇게 하셨으니 보고 배운 것일 테다.
보고 배운다는 말이 얼마나 무서운 말인가.

공부도 합리적인 선택이 필요하다.
조기 유학은 NO!

'조기교육'이란 일종의 즐거움이 되게 하라.
그리하면 타고난 소질을 더 잘 발견할 수 있을 것이다.
- 플라톤 -

초가집 단체실 벽에는 커다란 그림 한 점이 걸려 있다. 미술을 전공하는 딸아이의 작품이다. 보통 예체능을 시키면 돈이 많이 든다고 하는데, 딸아이는 고3 막바지에 잠깐 학원 다닌 것을 빼고는 오로시 세 실력으로 준비해 내학에 붙었다. 앞서 밀했듯이 우리는 아이들이 자라는 동안 공부하라는 소리는 거의 안 했다. 난 사람보다 든 사람이어야 한다고 믿기 때문이다. 우리가 생각하는 '든 사람'이란 요즘 말로 '개념 있는 사람'이다. 열심히 살되 자기 개인만이 아니라 더불어 사는 사람들을 생각할 줄 알고, 남한테 피해 주지 않고, 다른 이들과 사회에 득이 되는 삶을 사는 것이 든 사람이다. 그래서 아이들에게도 어릴 때부터 그렇게 가르쳐 왔다.

우리가 자녀 교육에 관해 처음부터 명확히 한 원칙은 두 가지다. 첫째는 조기 유학은 절대 안 된다는 것이다. 우리나라에서 대학이나 대학원까지 나왔는데도 공부가 부족해서 외국으로 유학을 가는 것은 괜찮다. 하지만 우리나라에서도 제대로 못하는 공부를 유학 가서 한다는 건 잘못돼도 한참 잘못된 일 아닌가. 그저 영어 하나라도 배우겠지 하는 마음으로 어린 자식 보내 놓고 가족이 떨어져 사는 것은 우리 기준에선 용납할 수 없는 일이었다. 둘째는 재수도 안 된다는 것이다. 물론 이른바 '스카이'를 목표로 열심히 공부하다 아쉽게 떨어졌다면 재수 아니라 삼수라도 시키겠지만, 그 정도 실력이 아니라면 자기 점수에 맞춰서 갈 수 있는 대학을 가는 것이 맞다고 생각했기 때문이다. 그래서 아이들에게도 우리 사전에 재수는 없으니 '인 서울'이든 지방대든 알아서 가라고 처음부터 못 박아 두었다.

그 덕분인지 우리 아이들은 과외, 재수, 편입도 없었고 고3 때도 수능은 어떻게 준비시킬까, 대학은 어디를 보낼까 우리가 신경 써본 일이 없다. 특히 딸아이는 고등학교 2학년에 미술로 전환한 뒤 거의 혼자 준비해서 자신이 원하는 미술 대학에 합격했다. 그러고도 4년 내내 장학금을 받아오니 그야말로 거저 키웠다고 해도 과언이 아니다. 그런데 아들이 대학 갈 때는 학과 선택을 놓고 우리와 약간의 의견 충돌이 있었다. 평소에 역사와 철학에 관심 있던 아들은 철학과에 가고 싶다고 했지만, 우리는 조금 거창하게 말해서 '가업'을 생각하지 않을 수 없었다. 본인이 정 싫다면야 할 수 없으나 만약 나중에 마음이 바뀌어 장사를 하려면 경영학을 공부해 두는 편이 낫지 않을까 싶었던 것이다. 아무리 취미가 없어서 가방만 들고 왔다 갔다 해도 안 배운 것보다는 나을 거라며, 그때만큼은 우리 주장을 강하게 펼쳤다.

지금은 더 심각해졌지만 아들이 대학에 입학할 때만 해도 이미 청년실업 문제가 심각하다고 할 때였다. 우리가 잘 일궈 놓은 텃밭이 있어도 가꿀 줄 모르면 소용없는 일 아닌가. 당장은 아이가 원하는 대로 꿈도 펼치고 뜻도 펼칠 수 있게 응원해 주고 싶지만, 혹시라도 하다 안 되면 돌아올 곳이 있어야 한다. 그때까지는 우리가 관리하겠지만 돌아와서는 본인이 책임을 져야 하는데 과연 잘할 수 있을까 걱정이 되었던 것이다. 그래서 적어도 기본적인 관리에 대한 공부는 시켜 놔야겠다는 생각이 들었고, 다행히 아이도 우리 뜻을 받아 줘서 4년을 잘 마쳤다.

언론에서는 우리 국민들이 책을 너무 안 읽는다고, 인문학이 죽었다고, 또 순수 과학의 미래가 어둡다고 연일 우려를 쏟아 낸다. 우리도 그 견해에 공감한다. 한 나라가 지속 가능한 발전을 하기 위해서는 가장 기본이 되는 인문학과 순수 과학이 발전해야 하고, 많은 인재들이 그 분야에 종사할 수 있도록 사회적인 토양이 만들어지고 받쳐 줘야 한다. 하지만 지금 대한민국의 현실은 전혀 그렇지 못하다. 당장 먹고 살기 위한 일자리도 부족해서 허덕이는 판국이다. 그러니 이 전쟁터 같은 사회에서 살아남으려면 적어도 자기 힘으로 먹고살 수 있는 능력은 갖춰야 한다. 이미 기반을 잡고 성공했다는 우리도 매일매일 부딪히는 현실이 얼마나 혹독한데, 이제 갓 세상에 나오려는 아이들은 오죽할 것인가.

우리 아이를 빗대어 말했지만 사실은 요즘 사람들에게 하고 싶은 이야기다. 날마다 취업난이 심각하고 일자리가 없다고 난리인데, 또 한쪽에서는 일할 사람이 없어 중국에서, 베트남에서 말 안 통하는 외국인이라도 데려다 놔야 일이 돌아간다. 특히 우리 같은 요식업은 정말 사람이 없다. 그렇다고 인건비가 싼가 하면 그렇지도 않다. 우리만 해도 월 200만 원은 준다고 해야 사람을 뽑을 수 있다. 그래도 일할 사람이 없는 것을 보면 아무래도 힘든 일을 꺼리기 때문이라고밖에 생각할 수가 없다. 나이 스물이 넘고 대학까지 나왔으면 적어도 부모에게 손 벌리지 말고, 궂은 일 힘든 일 가리지 말고 스스로 찾아서 해야 하지 않을까. 사실 선입견을 버리고 남 눈 의식만 덜하면 열심히 땀 흘리며 일하는 것만큼 보람과 자긍심을 느낄 수 있는 일도 드물다.

우리 딸은 교수가 꿈이다. 그런데 아무리 열심히 해도 마흔 살 전에는 교수가 되기 어렵다고 한다. 그 말을 듣고는 깜짝 놀라서 "얼른 꿈 깨라!" 했다. 물론 딸이 교수가 된다면야 우리도 기쁘고 가문의 명예겠지만, 무슨 영화를 보자고 나이 쉰이 다되도록 공부만 하냐고 말이다. 우리 가게에도 종종 교수님들이 온다. 한번은 조심스럽게 연세를 물어봤더니 올해 예순이 넘었다면서, 그래도 밤낮으로 공부를 해야 한다는 것 아닌가. 그 말을 듣고는 '아이고, 교수도 할 게 못 되네. 차라리 장사가 낫지' 하는 생각이 들었다. 차라리 몸 움직여서 일하는 게 속 편하지, 환갑 넘어서까지 책상 앞에서 밤낮 책과 씨름하라고 하면 나는 죽어도 못 할 것 같다고 했더니 딸이 웃는다.

공부도 현실에 보탬이 되고 쓰임새가 있어야 하지 않을까. 책 속에서만 길을 찾는 공부가 무슨 의미가 있는지 우리는 잘 모르겠다. 물론 그런 사람도 있어야 우리 사회의 균형이 갖춰지고, 눈에 보이지 않는 성장도 가능할 것이다. 하지만 사회 전체적으로 보다 건강하고 조화롭게 성장하기 위해서는 젊은이들이 배운 것을 최대한 활용하되, 안 되면 일단 땀이라도 흘려야 한다. 사회에 나와서 배우는 경험은 어느 것 하나 버릴 것이 없다. 그런데도 다양한 경험을 쌓기보다 "그래도 내가 ○○대 출신인데" 하고 저 위쪽에 맞춰진 눈높이를 고집하는 것을 보면 안타까운 마음이 든다. 시대가 바뀌었다. 더 이상 대학 졸업장이 중요한 시대가 아니다. 먼저 자신이 어떤 일을 할 것인지 뜻을 세운 뒤, 거기에 맞는 공부 계획을 세우고 미래를 설계하는 것이 훨씬 더 중요하다.

나는 책을 많이 읽는 편은 아니지만 신문의 서평란은 관심 있게 본다. 요즘 어떤 책들이 나오는지, 주로 다루는 내용은 무엇인지를 살펴보기만 해도 세상의 흐름을 어느 정도는 알 수 있기 때문이다. 올해 초에 흥미롭게 읽은 것이 《인비저블Invisibles》이라는 책에 관한 기사다. 인비저블이란 외부적 찬사나 보상이 아닌 자신이 하는 일 자체를 통해 깊은 성취감을 느끼는 사람들, 보이지 않는 곳에서 일하는 보이지 않는 사람들을 가리킨다.

특히 저자의 이 질문은 무릎을 치게 만든다. "당신은 영원히 멈추지 않을 러닝머신 위에서 뛰며 남들과 경쟁할 것인가, 아니면 스스로에게 도전하여 영원한 보상을 얻을 것인가?" 우리 사회의 젊은이들이 꼭 한번 스스로에게 던져 봐야 할 질문이 아닐까? 당장의 간판 따기에 급급하고, 남들의 평가에 연연하고, 누군가의 인정을 갈구하는 삶은 결코 행복할 수 없을뿐더러 원하는 성취도 이루기 어렵다. 우리의 소중한 자식들이 끝없는 경쟁에 시달리는 것이 아니라 작은 일이라도 자기 일에 집중하고, 그 일을 통해 끊임없이 성장하면서 내면적인 만족을 느끼고 풍요로운 삶을 살 수 있도록 도와줘야 하지 않겠는가.

"내가 널 어떻게 키웠는데"
할 것 없다, 누구나 스스로 큰다

세상에서 부모가 되는 일보다 더 중요한 직업은 없다.
- 오프라 윈프리 -

큰아이를 가졌다는 걸 처음 안 것은 크리스마스 전날이었다. 갑자기 비위가 상하면서 입덧이 시작됐던 것이다. 태몽은 남편과 친정엄마가 꿨다. 남편은 고향에 있는 참샘에서 물고기 한 마리가 튀어 오르더니 용이 되는 꿈을, 친정엄마는 호랑이 한 마리가 달려오더니 품에 와락 안기는 꿈을 꿨다고 했다. 그렇게 용과 호랑이라는 스케일 큰 태몽을 안겨 주고 태어난 자식이 큰아이였다. 맹수들은 낭떠러지에서 떨어뜨려 살아난 새끼만 건사할 만큼 강하게 키운다더니, 드센 태몽 때문이었을까? 큰아이가 태어나고 얼마 후 갑자기 전세금을 올려 달라는 통에 쫓겨나다시피 해서 장사를 시작했으니, 우리 아들도 맹수 새끼처럼 험난한 시험 과정을 거친 셈이다.

거의 전 재산을 투자해서 시작한 첫 장사인 만큼, 잘못하면 얼마 안 되는 돈마저 날아간다는 생각에 갓난아기를 둘러업고 정말 열심히 일했다. 다행히 장사가 잘돼서 기반을 잡는 데 큰 도움이 됐지만, 우리 아이들을 생각하면 짠하고 마음 아픈 일이 한두 가지가 아니다. 예쁜 내 새끼들이지만 예쁜 만큼 원 없이 품고 사랑해 줄 시간이 없었던 것이 지금까지도 두고두고 미안하기 짝이 없다. 한창 엄마 품에서 보호받고 예쁨만 받아도 모자랄 시기에 너무 일찍부터 떼어 놓아야 했던 것이다. 아직 젖도 못 뗀 아이를 방 안에 혼자 두고 나와 장사는 해야 하는데 애는 울어대고, 그칠 때까지 달랠 시간은 없고, 정말 미칠 노릇이었다. 그 당시에 우는 아기에게 수면제 탄 우유를 먹인 엄마들 이야기가 신문에 오르내리며 사회 문제가 됐었는데, 절대로 있을 수 없는 이야기이지만 먹고는 살아야 하고 아기를 돌봐줄 이를 구할 여력이 없어 애를 둘러업고 동분서주했어야 할 그 엄마들의 모습이 짐작된다.

지금이야 어린이집이며 놀이방이며 보육 시설이 잘되어 있지만, 그때는 어린이집이라고 해야 일반 가정에서 동네 아이들 몇몇 봐주는 식이어서 체계도 없고 전문적이지도 않았다. 그런 집에 아침마다 아이를 맡기고 돌아서면 엄마 품에서 떨어진다는 두려움에 기절을 할 듯 울어 대곤 했다. 그 모습이 어찌나 딱하고 불쌍하던지, 저녁에 장사 마치고 데려오면 엄마를 봐서 좋다고 잠도 안 자고 놀아 달라는 아이와 밤새 놀아줄 수밖에 없었다. 몸은 고단하고 다리는 쥐가 나서 뒤틀리는데 엄마랑 있다고 좋아하는 아이를 억지로 재울 수도 없고, 매일 잠이 부족해서 죽을 지경이었다. 나는 언제쯤 두 다리 뻗고 한숨 푹

자보나, 잠 한번 실컷 자봤으면 좋겠다는 게 소원이었다. 이제나저제나 아이가 기어 다니면 잘 수 있을까, 걸으면 잘 수 있을까 하면서 두 아이를 키워 냈다.

정말이지 누구든 아이를 30분만 봐주면 아이고 하느님 소리가 절로 나올 것 같은 시절이었다. 그런 와중에도 지독하다 싶을 만큼 내 할 일은 꿋꿋이 해냈다. 옷장 옮기는 일부터 웬만한 집안일은 남편 도움 없이 알아서 해결했고, 누구에게 이것 좀 해달라, 저것 좀 해달라는 부탁 한번 해본 적이 없다. 그래서 아이들에게도 자기 일은 스스로 알아서 하도록 가르쳤다. 정말 사랑하지만 내가 엄마니까, 내 새끼들이니까 하고 자기들이 해야 할 일을 대신 해준 적도 없거니와, 사실은 그럴 시간도 없었다. 심지어 고3 때도 수능 시험, 입시 면접은 물론이고 그 흔한 입시 설명회 한번 따라가 본 적이 없었다. 모두 아이들 스스로 알아서 했고, 아이들도 어려서부터 단련이 돼서 으레 그러려니 했다.

아이들이 초등학교 다닐 때였다. 어느 날 하굣길에 비가 오자 전화를 해서 "엄마, 안 와?" 하는 것이었다. 그래서 "그냥 비 맞고 와. 뼛속에 물 안 들어간다" 했더니 혼자 비를 맞고 왔다. 큰비가 올 때는 당연히 미리 우산을 챙겨 보내지만 오락가락하는 비는 조금 맞아도 큰 탈 없다고 생각했기 때문이다. 그뿐인가, 초등학교 3, 4학년 때부터 자기 운동화는 자기가 빨도록 했고, 조금 더 자랐을 때부터는 자기 방 청소도 직접 하게 했다. 아마 요즘 엄마들은 상상도 할 수 없는 일일 것이다. 하지만 차려 놓은 밥도 안 먹는다고 현관까지 쫓아가면서 먹일 사람이 우리 집엔 아예 없으니, 알아서 살아가는 법을 배우고 가르쳐야 했다.

조금 서툴더라도 어릴 때부터 자기가 해야 하는 일, 할 수 있는 일을 가르칠 필요가 있다. 집안일은 당연히 엄마가 하는 것이라는 생각은 요즘 세상에도 맞지 않는다. 그래서 나는 아이들에게 처음부터 분명하게 이야기했다. "각자 방은 각자 청소하렴. 너희가 쓰고 어질렀으니 너희가 치우는 게 당연하지 않을까? 행여 엄마 도와주느라 청소했다 소리는 하지 마. 도움은 필요할 때 해주는 게 도움이지, 너희 방이 어지럽혀진 걸 치우는 건 나한테 필요한 일이 아니니까 도움이 아닌 거야." 그렇다고 해서 "내가 너희 잘 먹이고 잘 키우려고 이렇게 고생하는데", 혹은 "내가 너희를 어떻게 키웠는데" 같은 말도 한 적이 없다. 물론 내 새끼들을 잘 키우겠다는 생각으로 죽어라 노력한 것은 사실이다. 하지만 그건 어디까지나 내 선택이고 내 의지이지, 아이들이 그렇게 해달라고 한 것도 아니니 결코 생색낼 일은 아닌 것이다.

부모는 부모의 일을 열심히 하되, 아이들도 할 수 있는 일은 스스로 하도록 가르치자! 이 모토는 먹는 것에도 예외가 아니었다. 그래서 초등학교 때부터 라면, 볶음밥, 달걀 프라이 정도는 알아서 해먹게 했다. 그렇다고 처음부터 무조건 시킨 것은 아니다. 행여 우리가 없을 때 호기심에 해보다가 사고가 날 수도 있으니 불 사용법, 설거지 요령, 먹고 남은 반찬을 냉장고에 넣을 땐 어떻게 하면 좋은지를 하나하나 가르쳤다. 그랬더니 어느 날 일을 마치고 너무 고단해서 밥도 못 먹고 쓰러져 있는데, 그 모습을 본 딸아이가 "엄마, 내가 라면 끓여 줄까?" 하더니 고사리 같은 손으로 라면을 끓여다 주는 것이 아닌가. 그래, 이래서 자식 때문에 산다고 하는구나 싶었다. 그때 그 라면이 지금까지 먹어본 세상의 어떤 음식보다 귀하고 맛있었음은 물론이다.

부모에게 자식은 살아가는 힘이다. 그렇게 소중하고 아까울수록 이 세상에 굳건히 뿌리내릴 수 있도록 가르쳐야 한다. 우리 한 사람 한 사람은 독립된 개체며 스스로 살아가는 존재다. 자식 또한 내가 낳았지만 내 소유물이 아니다. 부모는 그저 자식이 자립할 수 있을 때까지 보호해야 할 의무와 책임이 있는 것이다. 자식 앞에서 애끓지 않고 뼈가 저리지 않은 부모가 어디 있겠나. 그렇지만 귀할수록 강하게 키울 필요가 있다. 우리가 부모로부터 배워 우리의 세상을 살아온 것처럼, 내 아이들도 모쪼록 자신들의 세상에서 단단하게 뿌리를 내리고 살아갈 수 있었으면 하는 바람이다.

"내가 너희를 어떻게 키웠는데"라고 말할 필요가 없다.
내 새끼들을 잘 키우겠다는 생각으로 죽어라 노력한 것은
사실이다. 하지만 그것은 어디까지나 내 선택이고 내 의지이지,
아이들이 그렇게 해달라고 한 것도 아니니
결코 생색낼 일은 아닌 것이다.

얼마를 물려줄 것인가
vs 무엇을 물려줄 것인가

자식을 불행하게 하는 가장 확실한 방법은
언제나 무엇이든지 손에 넣을 수 있게 해주는 일이야.
- 루소의 《에밀》 중에서 -

얼마 전 TV 프로그램에서 수십억 자산가인 부모들이 '자녀들에게 어떻게 유산을 물려줄 것인가'를 놓고 토론을 벌인 적이 있다. 살아서 물려주느냐, 얼마를 주어야 하느냐, 그 돈이 자식을 망치지는 않을까, 이후 자식은 그 자산을 잘 지켜낼 수 있을까 등이 그들의 솔직하고 깊은 고민이었다. 물려줄 게 없는 것보다는 낫지만 자식 인생 생각하면 무조건 돈이 많다고 좋은 것은 아니라는 말에 공감이 갔다. 그동안 주변 사람들로부터 "부모가 부자라서 아이들은 좋겠어요" 같은 말을 종종 들은 터라, 우리도 훗날 아이들에게 무엇을 어떻게 물려줄 것인지 고민한 적이 있다.

우리나라에도 상속 변호사가 있다고 들었지만, 그들은 누구에게 얼마를 언제 물려주느냐를 전달하는 법적 대리인 역할을 하는 사람이다. 미국의 경우에는 상속 전문 변호사가 있어서 생전에 비전(vision)

유언장을 적게 한다고 들었다. 그럼으로써 부모들에게는 지나온 삶을 돌아보게 하고, 자녀들에게는 부모가 살아온 인생을 더듬어볼 수 있는 의미 있는 기회를 제공한다고 말이다.

그래서 우리 부부도 지난날을 돌아보며 아이들에게 얼마를 물려주느냐가 아니라 무엇을 물려줄 것인가를 고민하기 시작했다. 곰곰 생각한 끝에 아이들에게 물려주고 싶은 자산 1순위로 꼽은 것은 우리의 성실함과 검소함이다. 비록 눈에 보이거나 손에 쥘 수 있는 것은 아니지만 그것이야말로 삶을 단단히 지켜 주는 최고의 가치라고 믿기 때문이다. 그래서 아이들에게 우리가 하는 일의 기본과 일을 대하는 자세만큼은 가르치고 싶은 욕심이 있었다.

그런데 마음먹은 대로 안 되는 것이 자식이라더니, 큰아이가 우리 일을 돕겠다며 가게에 나온 뒤로 소소한 의견 충돌이 생겼다. 어설프게나마 직접 해보면서 일이 대강 어떻게 돌아가는지 알게 된 것은 좋은데, 어느 순간부터 "그건 아니에요", "이게 나아요" 하며 우리를 가르치려 드는 것이 아닌가. 그래서 하루는 아이를 붙잡고 주의를 줬다. 너는 아직 여기 직원도, 사장도 아닌데 네가 어떤 지시를 내리거나 우리 방침에 반기를 드는 것은 곤란하다고, 이다음에 직접 운영하게 되면 네 뜻대로 하더라도, 지금은 우리가 만들고 지켜온 룰이 있는데 네 주장을 내세우기에는 경험이 너무 부족하다는 생각이 들지는 않는지, 한번 잘 생각해 보라고 말이다.

큰아이도 제 딴에는 더 합리적인 방식이라고 생각해서 제안했을 텐데, 이를 나무라면 자칫 기를 죽이는 것이 아닐까 잠시 고민한 것도 사실이다. 그런데 그때 중국 고전 《근사록집해》의 한 대목이 떠올랐다. "요즘 사람들은 잘못이 있을 때 다른 사람이 바로잡아 주는 것을 기뻐하지 않는다. 마치 병을 보호하고 의사를 피하는 것과 같아서, 차라리 그 몸을 망치면서도 잘못을 깨닫지 못하니, 아! 슬프구나." 여기에서 나온 고사성어가 '호질기의(護疾忌醫)'다. 보호할 호, 질병 질, 꺼릴 기, 의원 의, 즉 '질병을 보호하고 의사를 기피한다'는 뜻이다. 따라서 부모가 자식의 잘못을 지적하고 바로잡아 주지 않는다면 그것이 곧 병을 보호하고 의사를 피하게 만드는 일이라는 생각에 바로 타일렀던 것이다.

아이와 생각지 않은 충돌을 겪고 나서 우리도 곰곰 생각해 보았다. 아무래도 사회생활 경험이 없다는 것이 제일 큰 문제라는 생각이 들었다. 조직 안에서 제대로 일을 배운 사람은 일을 대하는 자세가 다른 법이다. 가족이라고 해서 사업장 안에서 체계를 어지럽히는 행동은 해서도 안 될 뿐더러 오히려 훨씬 더 신중하게 처신해야 함을 아는 것이다. 아이의 젊은 눈으로 보면 얼핏 비합리적으로 보이는 부분도 있겠지만, 오랜 경험과 시행착오를 통해 찾아낸 우리만의 규칙이기에 한번에 바꾸려 들면 부작용도 그만큼 클 수밖에 없다. 그래도 우리가 장사에 있어서만큼은 선수 아닌가 말이다.

아이들에게 물려주고 싶은 두 번째 자산은 돈 관리하는 법이다. 우리 부부는 돈 관리하는 방식도 조금은 남다르다고 자부하기 때문이다. 지금이야 보험도 들고 적금도 들어 놨지만 처음 장사를 시작할 때만 해도 우리는 저축을 하지 않았다. 한 푼 두 푼 저축하기보다는 언제든 꺼내 쓸 수 있는 현금으로 갖고 있다가 바로바로 가게에 재투자하는 것이 더 효과적이라고 생각했던 것이다. 사실 그때는 따로 저축할 돈도 별로 없었지만 돈을 불린다는 이유로 은행에 묶어 놓는 것이 썩 합리적으로 느껴지지 않았다. 차라리 돈이 모이는 것에 맞춰 얼마를 모으면 가게를 늘리고, 또 얼마가 모이면 땅을 사는 식으로 계획을 세워 나갔다.

일반적으로는 돈이 없을수록 적금을 들어 목돈을 만드는 것이 재테크에 적합하다고 생각할 것이다. 하지만 우리 계산은 달랐다. 쉽게 말해서 분식집을 차려 매달 100만 원씩 벌어서 10년 동안 1억을 만들었다 치자. 10년 후 1억의 가치는 지금과 다를 수밖에 없다. 하지만 반대로 똑같이 한 달에 100만 원씩 벌어도 일정 금액이 모일 때마다 분식집에 재투자해서 가게도 조금 넓히고, 또 더 모이면 아예 매출을 좀 더 크게 일으킬 수 있는 치킨집으로 바꿔 가는 식이면 어떨까? 실제 사업장을 키우는 쪽으로 활용하고 10년 후의 가치를 따져 보면 결과는 확연히 달라진다. 물론 우리도 기반을 잡고 여유가 생긴 뒤로는 노후를 위해 적금도 들고 보험도 가입했다. 만에 하나 앞으로 일이 잘못되더라도 연금으로 생활할 수 있도록 새로운 안전장치를 마련해 놓은 것이다.

이렇게 우리는 돈을 벌고 관리하는 데 있어서는 선수라고 자부하지만, 그렇다고 돈을 모으는 데만 급급하거나 돈이 새어 나갈까 전전긍긍하며 살지는 않았다. 사람이 돈을 끌고 다녀야지 돈이 사람을 끌고 다녀선 안 된다는 것이 우리의 철학인지라 맨 정신으로 감당하기 힘든 일들이 벌어져도 결국은 극복할 수 있었던 것이다. 어차피 빈손으로 시작해서 이만큼 일궜는데 하나도 안 풀고 다 쥐고 있으려는 것도 욕심이다 생각하면 어떤 일도 고맙지 않은 것이 없다. 이제는 늙어서 큰 병을 얻었을 때의 대책만 있다면 살면서 다 쓰고 가는 게 옳지 않나 하는 생각에 이르렀고, 자식들한테도 어차피 물려줄 거라면 굳이 쥐고 있을 필요가 없다는 생각이 들었다.

그래서 차라리 우리가 살아 있을 때 깨끗하게 물려주기로 결론을 내렸다. 다 두고 갔다가 만약 재산 때문에 남매간에 분란이 일어나거나, 기껏 남겨 줬는데 증여세 때문에 힘들어진다면 곤란하지 않은가. 또한 내 자식도 내 맘대로 안 되는 세상에 남의 자식이 들어와 생길 수 있는 경우의 수까지 모두 계산해서, 문제의 소지가 될 만한 고리는 미리 끊어 버리는 편이 현명할 것 같았다. 그래서 아직 둘 다 젊지만 증여세까지 깨끗이 물고 공평하게 나눠줘 버렸다. 기껏 열심히 벌어서 남겨 줬는데 자식들에게 제대로 돌아가지 못한다면 그동안 피땀 흘린 수고가 얼마나 아깝고 헛된가 말이다. 그래서 우리는 유산마저도 우리 식대로 가장 합리적인 방법을 찾아 해결한 것이다.

그런데도 부모의 이런 마음을 아는지 모르는지, 요즘 우리 아들 하는 말을 들어보면 기가 막히고 코가 막힌다. "나중에 나이 들면 너희

중에 누가 나랑 살 거야?" 했더니 아들인 자기가 꼭 붙어서 살 거니까 자기한테 진짜 잘하라는 것 아닌가. 며칠 전에도 자기가 끝까지 엄마를 지켜줄 테니 자기한테 잘하라고, 그럼 평생 고기 먹게 해주겠다고 하는데 "아유 정말 못됐다!" 소리가 절로 나왔다. 이 핑계로 나도 똑같이 굴어서 이 녀석한테 물려준 걸 도로 뺏어올까? 그럼 똑같이 그 엄마에 그 아들이 되겠지? 아서라, 남한테 줄 때도 바라는 것 없이 주는 마당에 자식한테 뭔들 못 주겠는가. 줬으면 그만이고, 아들내미 귀여운 으름장은 한번 웃어 주면 된다. 내 살붙이 속을 내가 모를 리 없지 않은가. 그래, 계속 잘난 척해 봐라, 뛰어 봐야 벼룩이지. 네가 그래 봐야 엄마 뱃속에서 나온 엄마 새끼란다.

부모로 살아간다는 것은
죽을 때까지 풀어야 할 숙제다

한 사람의 아버지가 백 사람의 선생보다 낫다.
- 조지 하버트 -

요즘 아이들은 나약하다는 말을 많이 한다. 모든 게 부모 잘못이고 가정교육이 문제라는 이야기도 귀에 못이 박일 정도로 많이 들었다. 자식을 둔 부모 입장이라면 누구나 '도대체 아이를 어떻게 키우는게 잘하는 걸까'라는 똑같은 고민을 가지고 있을 것이다. 자식은 부모에게 가장 어려운 숙제인 셈이다.

아이들이 자라는 동안 우리는 매일 일만 하는 부모로 찍혀 있었다. 아이들을 낳은 직후부터 오늘에 이르기까지 한시도 쉬지 않고 일을 해왔으니 그렇게 생각해도 할 말은 없다. 하지만 걱정되는 것은 혹시라도 일 때문에 자신들에게 소홀한 부모로 여기지는 않을까 하는 것이다. 이젠 커서 저희들도 이해하겠지 하면서도 자식을 두고 100퍼센트 장담할 수 있는 사람이 누가 있겠는가.

사실 그런 걱정을 하는 데는 이유가 있다. 우리 부부는 자라온 환경이 참 비슷하다. 둘 다 대가족의 막내로 자라면서 나보다는 다른 사람을, 개인보다는 가족 전체를 먼저 생각하는 것이 옳다고 배웠고 그렇게 살아왔다. 그런데 아이들이 크고 나니 한편으로는 미안함이 앞서기 시작했다. 어쩌면 이제야 삶의 여유를 찾고 우리 자신을 돌아보게 된 것인지도 모르겠다. 우리는 아이들에게 그렇게 너그러운 부모는 아니라는 생각이 든 것이다.

예쁘다고 마냥 사랑을 쏟아 주지도 못했고, 내 새끼라고 남보다 먼저 챙긴 적도 별로 없었던 것 같다. 명절에 집에 들어온 선물 하나도 아이들 몫을 먼저 챙겨준 적이 없었으니까. 늘 큰댁으로 보내거나 직원들과 나누는 것이 우선이었다. 그게 아이들에게도 좋은 교육이 될 거라고 생각했는데, 어느 순간부터 그게 아닌 것 같다는 생각이 들었다. 나누는 것도 좋고 베푸는 것도 좋지만 적어도 부모에게는 너희가 최우선이라는 믿음을 주고, 아이들 앞에서 부모가 서로 사랑하는 모습을 보여줌으로써 사랑을 표현하는 방법도 가르쳐야 한다는 생각이 드는 것이다. 자식 앞에서 부모는 늘 이렇게 부족하기만 한 사람인 모양이다.

부모님은 우리 머릿속에 어떤 모습으로 남아 있나 생각해 보았다. 불행히도 우리 둘 다 실질적인 가장은 아버지가 아닌 어머니였다. 남편 말에 따르면 시아버지는 하도 술 담배를 좋아해서 걸핏하면 집으로 외상값을 받으러 사람들이 찾아오곤 했고, 그때마다 시어머니가 무척 힘들고 속상해하셨다고 한다. 아버지는 한국전쟁 때 다리에 총

상을 입은 뒤로 일생을 전쟁 트라우마에 시달리며 술에 의존했고, 우리 5남매를 키운 건 순전히 엄마의 공이라 해도 과언이 아니다. 그러니 요즘 부부들처럼 다정다감하게 애정 표현도 해가며 서로를 아끼고 챙겨 주는 모습은 꿈도 꿀 수 없는 일이었다.

그렇다고 부모 탓을 한 적은 없다. 오히려 부모님은 우리 삶을 살아오는 데 중요한 역할을 해주었다. 남편에게는 부모님의 한마디 한마디가 지금까지 삶의 지침이 되었고, 나에게는 척박한 땅 봉평에 계시는 부모님이 더 열심히 살아야겠다는 의지를 다지게 해주는 내 삶의 원동력이었다. 한번은 남편이 이런 말을 한 적이 있다. 어릴 때 한 동네에 살던 형이 걸핏하면 술을 먹고 와서는 어머니를 붙잡고 자기를 왜 낳았냐며 괴롭히더라는 것이다. 그 모습을 보면서 어린 마음에도 그만큼 키워 줬으면 부모 도리는 다한 것이지 뭘 더 바라나 싶었다고 했다. 자신은 신체 건강하게 낳아 키워 주고, 공부시킬 만큼 시켜서 사회에 진출할 수 있는 바탕을 마련해 준 것만으로도 고마운 마음이 들었다는 것이다.

그때는 먹고사는 일이 하도 퍽퍽했던 시절이라 정말 키워준 것만 해도 충분히 고마운 일이었다. 하지만 먹고사는 일이 최우선이던 때는 지났고, 우리 시대에 아이들에게 해줄 수 있는 최선은 사랑의 표현이라는 생각이 들었다. 나는 우리 부부가 아이들에게 1억 원을 물려주는 것보다 1억 원어치의 추억을 남겨 주는 것이 더 가치 있다고 생각한다. 물론 우리 둘 다 하도 없이 살아서 가난만큼은 절대 물려주지 않겠노라 결심했고, 그래서 오늘날까지 정말 열심히 일해 왔다. 그렇다고 해서 아이들 머릿속에 일만 하는 부모로 남는다면 무조건 잘했다고 할 수 없는 것 아닐까?

나이 들면 자식이 무섭다더니 그 말이 맞는 것 같다. 어느 정도 성공을 거두고 나니 이제는 그동안 안 보이던 것들이 보이기 시작하는 것이다. 그래서 요즘 나는 핑계만 있으면 남편을 졸졸 따라다니며 선물 사달라, 애정 표현 좀 해봐라 하고 귀찮게 한다. 돈도 좋지만 자식들 앞에서 서로 사랑하는 모습을 보여주는 것이 더욱 값진 가르침이라는 생각 때문이다. 딸은 아빠 같은 남자를 만나고, 아들은 엄마 같은 여자를 찾게 된다고들 한다. 우리 딸이 제 아빠처럼 성실하고 믿음직한 남자를 만난다면야 그도 더할 나위 없겠지만, 기왕이면 좀 더 따뜻하고 다정다감해서 충분히 사랑받고 있다고 느낄 수 있었으면 좋겠다는 것이 같은 여자로서 엄마의 마음이다. 아들에게는 제발 이 엄마 같은 여자만 만나라, 그럼 더 바랄 게 없다고 해야겠지, 하하하.

그래서 우리가 아이들에게 물려줄 것은 재산보다 보이지 않는 것들이 더 큰 것 같다는 말을 요즘 들어 자주 하곤 한다. 성실함, 노력, 근검절약, 배려, 봉사, 나눔이야말로 돈으로 환산할 수 없는 가치를 가진 것들 아닌가. 그리고 여기에 빠져서는 안 되는 또 한 가지가 바로 사랑이다. 돈이 많은 부모는 자식에게 대우를 받지만, 사랑이 많은 부모는 자식에게 존경을 받는다는 말이 있다. 그동안 우리 힘과 노력으로 참 많은 것들을 이뤄 왔다. 이 정도면 성공했다고 자부해도 되겠지만,

그렇다고 해서 자식들에게 이렇게 살아라 저렇게 살아라 가르치기보다는 아이들 스스로 보고 느낄 수 있는 행복을 전해 줘야 하지 않을까? 그것이야말로 우리 부부가 지금껏 이뤄온 성공의 마지막 남은 관문이 아닐까 싶다. 아이들에게 사랑을 전하고 존경받을 수 있다면 인생에서 그 이상의 성공은 없지 않겠는가.

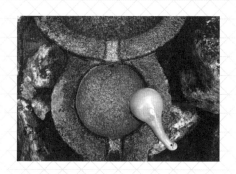

나이 들면 자식이 무섭다더니 그 말이 맞는 것 같다.

돈이 많은 부모는 자식에게 대우를 받지만,

사랑이 많은 부모는 자식에게 존경 받는다는 말이 있다.

그래서 부모로 살아간다는 것은 죽을 때까지 해야 할 숙제다.

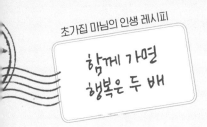

함께 가면
행복은 두 배

서울에 올라와 직장 생활로 돈을 벌기 시작하면서부터 나는 어떻게 하면 돈을 모을 수 있을까, 또 엄마한테 뭘 해주면 기뻐할까 궁리하는 것이 제일 큰 즐거움이자 낙이었다. 그래서 처음 생각한 것이 돈을 모아 집에 소를 사줘야겠다는 것이었다. 시골에서는 소가 부의 상징이기도 했고, 소를 사주면 오빠가 농사도 짓고 또 새끼를 낳으면 올해는 한 마리지만 내 년엔 두 마리가 되니, 그중 한 마리를 팔면 이보다 확실한 장사가 없는 것 같았다. 그래서 소를 사자는 일념으로 당시 돈으로 7만 5,000원의 월급을 받아 5,000원만 쓰고 7만 원은 악착같이 저축을 했다.

그러기 위해 나는 없어야 했다. 한 달에 5,000원으로 살면서 나를 위해서는 노란 다이얼 비누 하나 사는 게 전부였다. 그 비누 한 장으로 비누 겸 샴푸 겸 모두 해결했다. 그렇게 아끼고 아껴 가며 모은 돈으로 결국 집에 소 한 마리를 사줬다. 그 한 마리를 시작으로 새끼 낳으면 팔고, 또 낳으면 팔고 하면서 생활에 큰 보탬이 됐다. 그렇게 시작해 키운 소를 불과

2, 3년 전에 오빠가 돌아가실 때까지 뒀다가 팔았으니 그사이 세월이 얼마인가.

그리고 당시 첩첩산중에 있던 우리 집에도 전기가 들어왔다. 전기세 5,000원이면 한 달을 쓸 수 있었다. 그러자 내가 5,000원만 더 아끼면 엄마가 전등 켜놓고 뭐라도 할 수 있을 텐데, 성냥불 안 켜도 될 텐데 싶은 생각이 들었다. '이 달엔 월급 타서 뭘 해주면 엄마가 좋아할까?' 오로지 그 생각이 먼저였다. 엄마가 좋아하고 식구들이 기뻐하는 모습을 보는 게 좋았고, 당연히 그렇게 해야 한다고 생각했었다.

부모가 되어 봐야 비로소 알게 된다는 부모 마음을 나 역시 엄마가 되고 나니 조금은 알 듯하다. 엄마라는 이름이 갖는 절절함과 애틋함, 세상에서 가장 큰 것이 엄마 마음이고 가장 깊은 것 역시 엄마 마음이 아닐까? 엄마를 생각하면 어린 날의 기억 때문인지 늘 짠하고 애틋했다. 특히 그 불편한 몸으로 평생을 고생하며 살았던 이야기는 그야말로 눈물 없이 들을 수가 없었다. 그래서 더더욱 돈 벌면 우리 엄마 장롱 사줘야지, 우리 엄마 예쁜 원피스 사줘야겠다, 냉장고도 좋은 걸로 바꿔 줘야지 하면서 결혼도 하기 전에 이미 그 결심대로 다 해드렸던 것 같다.

나는 처음부터 가족을 떼놓고 생각하거나 살아본 적이 없다. 항상 나보다는 가족이 우선이었고, 그게 즐거움이었다. 조카들이 태어날 때마다 백일이며 돌이며 금반지 한번 빼놓은 적 없었다. 누가 시킨 것도 아니건만 그저 내가 좋아서, 그래야 내 마음이 편하니까 가장 아닌 가장 노릇을 했던 것이다. 막내가 왜 그렇게 바보같이 다 퍼주며 사느냐고, 내가 있어야 가족도 있는 거란 말도 많이 들었다. 하지만 주면서 얻는 기쁨이 뭔지는 해본 사람만이 안다. 그렇기 때문에 결혼하고 나서 남편이 시댁 식구들에게 하나라도 더 해주고 싶어 하는 그 마음을 나는 십분 이해했다. 그 점은 남편이나 나나 똑같아서, 누구 한 명이 어머니 댁에 보일러를 놔드리면 참 편하고 좋겠구나 싶으면 서로 "놔드리자!" 하고 바로 다음 날 해드리는 식이었다.

엄마가 살아 계셨던 작년까지만 해도 친정에 갈 때마다 잔뜩 사들고 가서 정작 나는 물만 마시고 왔다. 나야 서울에 오면 얼마든지 먹을 수 있는데 거기까지 가서 축내고 오기는 싫었기 때문이다. 혹자는 살 만한 형편에 웬 궁상인가 할 것이다. 남편조차 가끔 내게 그렇게까지 할 필요가 뭐 있냐고 한마디 했으니까. 그래도 친정을 생각하면 나는 늘 마을에서 7킬로미터나 떨어져 있어서 학교 끝나면 혼자 하염없이 걸어가야 나타나던 외딴 집이 떠오른다. 이제는 차도 있고 언제든지 주문하면 택배도 가지만 여전히 물건 하나, 음료수 하나라도 사려면 일부러 나가야 하는 수고스러움이 먼저 느껴진다. 그래서 기왕이면 나라도 아껴 주고, 하나라도 더 챙겨야겠다는 마음이 들었던 것이다.

그동안 참 열심히 살아왔다. 그렇게 할 수 있었던 힘, 그 중심에는 엄마가 있었다. 돌아가시기 이틀 전에도 옷을 사서 보냈더니 고맙다고, 잘 입겠다고 또렷또렷한 말투로 인사를 건네셨는데, 하루아침에 엄마가 가시고 나니 갑자기 내 삶의 중심이 사라진 것 같고 허전하기 이를 데 없었다. 어쩌면 막내라 더했을 것이다. 5남매 모두가 나와 같지는 않았으니까. 언니만 해도 친정에 가면 주는 대로 바리바리 다 챙겨 오곤 했다. 그러면서 언니는 늘 내가 제일 불쌍하다고, 나처럼 사는 게 이해되지 않는다고도 했다. 살붙이인 언니조차 그렇게 말할 정도지만 나는 후회하지 않는다.

처음부터 남편과 나는 가족과 함께 가야 한다는 약속을 하고 시작했고, 그 약속에 대한 책임을 지금까지 한순간도 외면하지 않고 살아왔다. 혼자서만 잘 먹고 잘살면 뭐 하겠는가. 더불어 살아가는 재미를 우리는 아주 일찍부터 깨달았다. 누가 가르치거나 강요한다고 해서 되는 일도 아니니, 그냥 타고났다고 해야 할까? 그렇게 우리는 함께 가는 길을 선택했고 지금까지 그렇게 살아왔다. 아마 앞으로도 크게 달라질 것 같지는 않다. 주면서 느끼는 행복의 크기를 이미 너무 많이 알아 버렸기 때문이다.

승패의 절반은 사장의 자세에 달려 있다

식당의 절대 가치, 맛과 신선함으로 승부하라

동선만 잘 짜도 한 사람분의 인건비가 절약된다

직원을 오늘 처음 오는 손님처럼 대하라

손님이 손님을 부르게 하라

남의 돈으로 흥한 자, 남의 돈으로 망한다

손님에게 새로운 경험을 제공하라

위기에 대처하는 플랜 B를 세워라

기와집 머슴의 성공 레시피 성공은 얼마를 갖고 시작하느냐가 아니라

실패를 줄이려는 노력에 달려 있다

PART
04

'장사의 신'이
알려주는
성공 식당 8원칙

승패의 절반은
사장의 자세에 달려 있다

성공은 최종적인 게 아니며, 실패는 치명적인 게 아니다.
중요한 것은 지속하고자 하는 용기다.
- 윈스턴 처칠 -

"**식당을 하려고** 하는데 어떻게 준비하면 좋을까요?"

우리 부부가 가장 많이 받는 질문이다. 하다못해 메뉴조차 정해 놓지 않은 채 밑도 끝도 없이 던지는 이런 질문을 받을 때마다, 어디서부터 이야기를 해줘야 하나 심각하게 고민하게 된다. 메뉴, 가게 위치, 인테리어, 홍보 등등 아주 기본적인 것만 꼽아 봐도 식당 창업자가 준비할 것은 수두룩하다. 게다가 대부분의 사람들은 얼마 안 되는 전 재산으로, 혹은 가족이나 지인들에게 빌리거나 대출받은 자금을 보태서 창업에 나서기 때문에 '실패할 여유'가 없다. 따라서 가게에 관한 모든 부분을 하나에서 열까지 치밀하게 계산하고 고민해야 한다. 단순히 목이 좋으니까, 아내나 장모님이 음식 솜씨가 좋으니까 하고 대충 시작해서는 안 된다는 말이다. 검증에 검증을 거치고, 탁자 하나 놓는 자리도 여기가 최선인지 생각하고 또 생각해서 결정해야 한다. 준비 과정의 치밀함에 따라 승패의 절반은 판가름 난다고 해도 과언이 아니다. 그렇다면 나머지 승패의 절반은 어디에서 결정될까? 그것은 바로 사장의 자세에 달려 있다. 우리가 생각하는 식당 사장이 갖춰야 할 자세는 크게 네 가지다.

첫째, 자존심을 버려라.

일단 식당을 하기로 결심했다면 제일 먼저 내다 버려야 할 것이 바로 자존심이다. 궂은일은 다 직원들 시키고 '내가 사장이요' 하고 이마에 써 붙인 채 카운터만 지키려는 생각을 버리라는 것이다. 누가 알아주든 말든 어차피 당신 가게 아닌가. 그러니 맨 먼저 나와서 문을 열고, 맨 나중에 문을 닫고 가는 사람이 되어라. 누구나 편하게 대할 수 있는 평범한 사장이 되어라. 당신이 손님 앞에서 직접 서빙을 해주고 있어도 당신이 사장이란 걸 아무도 모를 정도로 말이다. 그리하여 손님이 바글바글하고, 매출이 쑥쑥 올라가고, '맛집'이란 타이틀이 붙을 때 비로소 사장의 자존심이 서는 것이다. 손님에게는 가족처럼 친근하게, 직원에게는 손님처럼 정중하게 대하면 문제가 생길 일이 없다. 손님이든 직원이든 대접받고 존중받고 싶은 심리는 누구나 똑같다. 내 식당 안에서만큼은 가장 아래에 서려는 자세, 바로 그것이 식당 사장에게 요구되는 진정한 자존심이다.

둘째, 초심을 잃지 마라.

먹고살 길이 없어서 장사를 시작했든, 새로운 인생 2막을 열고자 장사를 선택했든 식당이 자기 인생의 마지막 보루라고 철석같이 믿고 초심을 잃지 말아야 한다. 간혹 테이블 몇 개로 시작해서 음식 맛이 소문나 큰돈을 벌던 식당이 가게를 넓히고 분점을 늘려 가면서 예전 같지 않다는 평을 듣는 경우가 종종 있다. 옛터가 좋았는데 넓히면서 그 운이 다 날아갔다는 믿거나 말거나 식의 분석도 있지만 우리 생각은 이렇다. 음식의 맛이 한결같아야 10년, 20년 단골을 만들 수 있는 것처럼, 손님을 대하는 사장의 태도가 한결같아야 20년 단골로 만들 수 있다고 말이다. 우리는 처음부터 지금까지 그 자세를 지키려고 노력해 왔다. 그동안 방송에 많이 소개되면서 우리를 알아보는 손님이 많아졌지만, 그래도 여전히 직원들과 똑같이 앞치마 두르고 부지런히 일을 한다.

한결같다는 건 곧 초심을 늘 같은 온도로 유지하는 일이다. 프랑스 요리 전문가로 유명한 진경수 셰프는 방송 출연 등으로 자기가 직접 요리를 할 수 없는 날은 아예 레스토랑 문을 닫아 버린다고 한다. 일부러 발걸음을 한 손님이 불편함을 겪는 건 미안하지만, 손님을 만족시킬 수 없는 요리를 내놓느니 문을 닫겠다는 그의 한결같은 철학이 신뢰라는 더 큰 자산을 쌓아 주는 셈이다.

셋째, 투자할 땐 과감히 투자하라.

예전에 우리 집에서 꽤 오랫동안 함께 일한 주방장이 독립을 했다. 그가 있을 때 맛집으로 소문이 나서 방송도 탔었고, 덕분에 그 친구도 대박집 주방장으로 화면에 얼굴을 비추곤 했다. 그러다 보니 투자자가 붙어 독립을 하게 됐는데 결과는 좋지 않았다. 아무리 음식이 손맛이고 맛있으면 다 찾아온다고 하지만, 실은 맛은 기본이고 주인이 어떤 생각을 가지고 있느냐가 더 중요하다. 분명 처음 문을 열었을 때는 홍보도 열심히 하고 많은 노력을 했을 것이다. 그런데도 결국 문을 닫게 된 것은 신선도를 뺏긴 탓이 아닐까 싶다. 예컨대 오늘 열 그릇 준비해 놨는데 다섯 그릇밖에 못 팔았다면 나머지 다섯 그릇을 다음 날 파는 식으로 말이다. 남은 것이 아깝다고 다음 날 내놓으면 벌써 신선도가 다른데 손님이 모를 수가 없다.

그럴 땐 과감하게 세일을 해서라도 그날분을 소진해야 한다. 시들해져서 상품 가치를 잃으니 차라리 손님에게 봉사하는 것이 남는 장사다. 그 또한 내일을 위한 투자가 아니겠는가. 우리라고 처음부터 손님이 많았던 것은 아니다. 이 큰 식당에 처음 보리밥집을 차렸을 때 손님이 없어서 아까운 채소를 다 버리게 생겼었다. 그때 우리는 안 팔려서 버리느니 차라리 손님한테 드리자는 생각에 파격 할인을 하고 전단지를 돌리며 재고가 남지 않도록 최선을 다했다. 그 결과 점심때도 텅텅 비던 보리밥집이 손님으로 미어터지는 대박집이 되었다. 결국은 주인의 마인드와 자세가 매출로 이어지는 가장 중요한 요소라는 이야기다.

처음 식당을 준비하다 보면 돈 들어가는 데가 여간 많은 것이 아니다. 그러다 보니 뭐든 지출을 줄이려고 하게 마련이다. 예컨대 그릇 값도 무시 못하니, 그때그때 빨리 설거지해서 돌리면 되겠지 하고 최소한으로 준비하는 식이다. 하지만 그렇게 해서 그릇 값 500만 원을 뺐

다 쳐도 막상 일을 해보면 바로 허덕거리게 된다. 그럼 설거지하는 사람을 둘 수밖에 없고, 인건비가 나가면 남는 게 없어진다. 우리는 처음부터 그릇을 아예 두 배수로 준비했다. 그렇게 해놓으니 아무리 바빠도 그릇 걱정 없이 식당이 돌아가고, 나중에 한꺼번에 씻어 놓으면 그만이다. 우리만의 비법이라면 비법이겠으나, 알고 보면 지극히 단순하고 기본적인 논리다. 설거지하는 사람을 둬서 월급을 주면 그 돈은 매달 사라지는 돈이지만, 한번 그릇을 들여놓으면 한두 개 깨져서 버린다 해도 사라지는 건 아니기 때문이다. 이렇게 투자할 부분에는 과감하게 투자를 해야 한다. 무조건 아끼기만 하다가 세상에 거저 얻어지는 건 아무것도 없다는 사실을 깨달을 즈음엔 이미 비싼 수업료를 물고 난 뒤인 것이다.

넷째, 이골이 나라.

우리나라 여성 최초이자 유일의 경찰서 강력계장인 형사 경력 25년의 박미옥 경감은 어느 신문과의 인터뷰에서 이런 말을 했다.

"형사의 체력을 말할 땐 육체적 힘이 전부가 아니다. 진짜 체력은 '이골'이다. 우리는 밤 12시에 퇴근했다가도 새벽 2시에 나오라면 뛰어나와야 한다. 큰 사건 터지면 그 상태로 하루 이틀, 때론 한 달 두 달도 간다. 그런 식으로 잠 못 자는 생활이 계속되고 위험한 상황에 처할 수도 있다. 하지만 단 1초 실수에 범인을 놓칠 수도 있는 법이다. 그건 용납할 수 없는 일이다. 형사는 그 팽팽한 긴장감을, 언제 끝날지 모를 그날까지 유지해야 한다. 이 모든 게 몸에 푹 배어 있어야 한다.

이골이 나지 않으면 버텨낼 수 없다는 건 그런 뜻이다. 그게 진짜 형사의 힘이다."

이 말에서 주어를 형사 대신 식당 사장으로 바꿔 보자.

"식당 사장의 체력을 말할 땐 육체적 힘이 전부가 아니다. 진짜 체력은 '이골'이다. 우리는 밤 12시에 퇴근했다가도 새벽 2시에 할 일이 있으면 뛰어나와야 한다. 대박이 나면 그 상태로 하루 이틀, 때론 한 달 두 달도 간다. 그런 식으로 잠 못 자는 생활이 계속되고 위험한 상황에 처할 수도 있다. 하지만 단 1초 실수에 입소문이 나빠질 수도 있는 법이다. 그건 용납할 수 없는 일이다. 식당 사장은 그 팽팽한 긴장감을, 언제 끝날지 모를 그날까지 유지해야 한다. 이 모든 게 몸에 푹 배어 있어야 한다. 이골이 나지 않으면 버텨낼 수 없다는 건 그런 뜻이다. 그게 진짜 식당 주인의 힘이다."

형사의 힘이 체력이나 싸움의 기술에서 나오는 것이 아니듯, 식당 주인으로 살아갈 수 있는 힘도 자본금이나 장사 요령이 아니라 이골에서 나오는 것이다. 강한 자가 살아남는 것이 아니라 살아남는 자가 강한 거라는 말과도 일맥상통하는 이야기다. 어느 분야든 무슨 일을 하든 결국은 이골이 나야 눈이 트이고 요령이 생기고 성공할 수 있다. 어떤가? 당신은 이렇게 살아갈 준비가 되어 있는가?

식당의 절대 가치,
맛과 신선함으로 승부하라

아무리 좋은 빵이라도 미리 썰어 놓은 것은 사지 마라.
- 앨런 애펄 -

진공청소기로 유명한 영국 회사 다이슨의 창업주가 이런 말을 했다고 한다. "나는 마케팅이 필요 없다고 생각한다. 마케팅은 포장이나 술책에 지나지 않기 때문이다. 소비자가 물건을 사는 것은 필요한 기능을 얻기 위해서지 물건에 쓰인 브랜드 이름 때문이 아니다. 사람들은 다이슨의 물건을 원하는 게 아니라 제대로 작동하는 청소기가 필요한 것이다."

마케팅이나 브랜드가 전혀 중요하지 않다기보다는 상품 그 자체, 즉 상품의 '절대 가치'가 훨씬 더 중요하다는 의미일 것이다. 그렇다면 식당의 절대 가치는 무엇일까? 식당이 돈을 받고 파는 상품은 음식이고, 음식의 절대 가치는 '맛과 신선함'이 아니겠는가. 그래서 성공하는 식당의 두 번째 원칙은 바로 신선하고 맛있는 음식을 준비하라는 것이다. 우리는 그중에서도 '신선함'을 으뜸으로 치는데, 먼저 그 이야기부터 해보자.

음식의 신선도는 재료 준비에서부터 차이가 난다. 손님이 몰려오면 정신없다고 식당마다 미리 재료 준비를 해둔다. 큰 비닐 봉투 안에 오늘 쓸 채소, 내일 쓸 채소를 썰어서 냉장고에 넣어 두는 것이다. 하지만 거기서부터 틀렸다. 음식 재료는 바로바로 준비해야 한다. 일손이 모자라서 미리 해놔야 한다면 번거롭더라도 아침에 점심 재료를 준비하고, 점심 장사 마치고 저녁 재료를 준비하는 식으로 해야 하는 것이다. 몸이 편하겠다고 머리를 써서는 절대로 손님을 감동시킬 수 없다. 살아 있는 음식은 손님이 먼저 안다. 재주가 없고 간편하다는 이유로 냉동식품이나 반조리 식품을 데워서 내보낸다면 손님이 굳이 식당을 찾을 이유가 무엇이겠는가.

하루에 치르는 손님만 해도 어마어마하지만 우리는 신선한 음식을 대접해야 한다는 원칙을 한 번도 어겨본 일이 없다. 점심 재료는 오전에 준비해서 11시 반까지 만들어 놓고, 저녁 재료는 점심상 치운 뒤에 5시 반까지 해놓음으로써 손님 식탁에 나가기 전까지 재료의 신선도를 최대한으로 유지한다. 예를 들어 초가집에서 하루에 밥 열 통이 필요하다면 우리는 점심에 쓸 다섯 통 해놓고, 또 저녁 준비할 때 나머지 다섯 통을 해놓는 것이다. 그 맛은 아침에 열 통을 다 해놓고 파는 집과 확연히 구별될 수밖에 없다. 물론 꽤 번거로운 일이다. 하지만 손님 입에 들어갈 맛을 생각한다면 그 정도 번거로움은 감수해야 한다. 기와집의 경우에도 50인분 솥에 넣고 가스불로 한 번만 돌리면 편하지만 작은 압력솥에 어떤 날은 대여섯 번, 때로는 여덟 번까지 밥을 하기도 한다. 먹는 사람이 좋아야지 파는 사람이 편한 것을 따지면 안 되기 때문이다.

음식에 관한 한 내가 알고 있는 모든 것은 어머니로부터 나온 것이라 해도 과언이 아니다. 어릴 때 우리 집 부엌에선 아침마다 깨를 볶았다. 파는 필요할 때마다 텃밭에서 뽑고, 마늘도 그때 쓸 것만 까서 빻는 등 모든 재료를 그때그때 만들어 썼으니 음식이 신선하고 맛있을 수밖에. 신선한 음식, 그것을 우리는 '살아 있는 음식'이라 부른다. 미리 조리해서 냉동실에 보관한 음식은 아무리 맛있어도 죽은 음식이다. 그리고 살아 있는 음식과 죽은 음식의 차이는 누구보다 먹는 사람이 가장 잘 안다.

처음 초가집을 시작할 때 주 메뉴는 보리밥이었다. 장사는 잘됐지만 계절을 타기도 하고 매출에 한계가 있다는 점 때문에 새로운 메뉴를 고민하게 되었다. 결국 선택한 것이 당시 한창 붐을 타고 있던 낙지였는데, 낙지는 손질이 관건이었다. 같은 냉동 낙지라도 그냥 해동시켜 씻으면 짜서 먹을 수가 없다. 그래서 보통은 큰 함지박에 넣고 손으로 빨고, 힘에 부치면 장화 신고 밟아 가며 빡빡 빤다. 조금 더 규모가 큰 집에서는 세탁기에 돌리기도 하는데, 그것도 마음에 들지 않아 우리는 아예 낙지를 잡아 돌리는 기계를 개발해 버렸다. 해동시켜 축 늘어진 낙지를 내가 개발한 기계에 넣고 8분쯤 돌리고 나면 갓 삶은 문어처럼 빨판이 살아나면서 탱글탱글해진다. 그 상태에서 양념을 하면 맛이 제대로 살아나는 것이다. 기와집도 장어는 살아 있는 것을 점심과 저녁 장사 직전에 잡아 준비를 해놓으니 항상 신선할 수밖에 없다. 기운이 없거나 이미 죽은 놈들은 장어탕에 넣고 푹 고면 되니 재고가 남을 일이 없는 것이다.

그다음으로 두 번째 절대 가치인 맛에 대해 이야기해 보자. 어머니는 평소 음식은 장맛이라고 강조했다. 장맛이란 곧 소금을 뜻한다. 그래서 우리는 최소한 3년 이상 간수를 뺀 소금을 쓴다. 미리미리 사서 묵혀 쓰고, 또 사서 쌓아 놓고 묵히기 때문에 우리 집 소금은 다른 집과는 확연히 맛이 다르다. 모든 음식에 그 소금이 들어가니 음식 맛도 좋을 수밖에 없다. 이렇게 벌써 재료 준비에서부터 절반은 이기고 들어가는 셈이다.

예전에 정육점을 할 때 우리는 고기만 썰어 파는 것이 아니라 양념 갈비까지 재워서 팔았다. 하루에 양념 갈비만 100근씩 팔았으니 대박도 그런 대박이 없었다. 단순히 아내의 양념 재우는 손맛을 믿고 한 것이 아니라, 처음부터 상품화를 염두에 두고 철저하게 준비한 결과였다. 우리가 고기를 납품하는 음식점 중에서 양념갈비로 유명한 집 주인에게 제일 좋은 고기를 줄 테니 양념갈비 레시피를 알려 달라고 부탁했던 것이다. 그쪽은 좋은 고기를 받을 수 있으니 좋고, 우리가 같은 레시피를 사용한다 해도 정육점이지 식당을 하는 것은 아니니 흔쾌히 알려 주었다. 우리는 그 레시피를 받아서 변함없이 같은 맛을 유지했다.

언제 누가 만들어도 변하지 않는 맛은 식당에서 가장 중요한 요소 중 하나다. 우리는 우리 집에서 만드는 모든 음식의 레시피를 개발했다. 새로운 음식을 개발할 때마다 어떤 재료가 얼마만큼씩 들어가는지 매번 기록해 가며 최적의 맛을 찾아냈다. 그리고 만약 우리가 찾아내지 못했을 경우에는 정말 맛있고 잘하는 집에 돈을 주고서라도 그 레시피를 사왔다.

왜 그렇게까지 하느냐고? 음식은 곧 우리의 자존심이기 때문이다. 우리가 파는 음식을 먹어 보고 손님이 맛있다고 인정해 줘야지, "에이, 돈이 아깝다. 다시 오나 봐라" 하면 비수도 그런 비수가 없다. 그런 손님이 있으면 우린 그냥 가시라고 한다. 음식을 먹고 기분이 좋아야 하는데 우리가 잘못해서 기분이 나빠졌다면 어떻게 돈을 받겠는가.

이렇게 기본에 충실하기 때문에 우리는 어떤 경쟁업체가 생겨도 두려워하지 않는다. 처음 이곳에 장엇집을 차렸을 때 인근에 장어 파는 집이 꽤 여러 군데 있었다. 그런데 논두렁 한가운데에 우리 집이 들어선 뒤로는 옛날부터 있던 그 장엇집들은 모두 사라지고 말았다. 지금도 새로운 식당은 계속 들어선다. 하지만 우리는 걱정하지 않는다. 자신이 있기 때문이다. 그 자신감의 근원은 바로 신선하고 좋은 재료, 그리고 검증된 맛이다.

흔히 음식으로 치유(治癒)한다고 한다. 아픈 사람은 음식으로 병을 낫게 하고, 건강한 사람은 음식으로 병을 예방한다. 따라서 단 한 끼일지라도 음식을 통해 누군가의 건강을 책임지는 사람이라는 사명감을 가져야 하고, 좋은 재료로 맛있는 음식을 제공하는 것은 식당 주인으로서 끝까지 지켜야 하는 자존심이다.

동선만 잘 짜도
한 사람분의 인건비가 절약된다

비즈니스의 기본원칙은 쉬운 것부터 먼저 시작하면 큰 성과를 이룰 수 있다는 점이다.
- 《마크 저커버그: 리더십을 위한 10가지 조건》 중에서 -

식당을 오래 하다 보니 척 보면 눈에 들어오는 것들이 있다. 다른 집에 밥을 먹으러 가면 저절로 견적이 나오는 것이다. 가게 규모와 직원 수, 테이블 수를 고려해 하루 매출을 예측하는 직업병 아닌 직업병이 생긴 셈인데, 매출에서 인건비 빼면 남는 것이 거의 없을 듯한 집을 보면 안타깝기 짝이 없다.

식당이든 다른 자영업이든 매출 대비 수익을 판가름하는 것은 의외로 손님 수가 아닌 인건비다. 장사가 잘돼도 임대료와 식재료비, 인건비를 빼고 나면 남는 게 없다고들 하는 소리가 바로 그것이다. 그런 경우 가장 먼저 철저하게 분석해야 하는 것이 바로 가게 내부의 동선이다. 동선 하나만 잘 짜도 한 사람분의 인건비를 좌우하기 때문이다.

동선은 일하는 사람의 능률과 직결된다. 효율성이 있느냐 없느냐, 생산적이냐 아니냐가 모두 동선에서 나온다. 일례로 우리는 초가집이고 기와집이고 문턱을 죄다 없애 버렸다. 사소한 문지방 하나, 계단 하나에 따라 일의 효율성이 달라진다는 것을 알기 때문이다. 동선은 손님에게도 해당된다. 손님이 가장 편하게 들어왔다가 편하게 나갈 수 있으려면 어떻게 해야 할지 고민해야 하는 것이다. 그런데 주인 편의대로 출입문을 만들어 놓고 손님한테 이리 돌아오세요, 저리 돌아오세요 하면 번거로울 뿐만 아니라 일단 들어가기 싫다는 생각이 들게되어 있다. 누가 말해 주지 않아도 한눈에 어디가 입구인지 알 수 있어야 하고, 입구는 반드시 넓고 깨끗해야 한다. 굳이 풍수를 배우지 않았어도 어느 집이든 대문이 깨끗해야지 그렇지 않으면 액이 낀다는 것은 상식이다. 모든 기운이 현관을 통해 드나들기 때문이다. 입구가 환하고 밝으면 손님이 들어오는 순간부터 기분이 좋고, 자리에 앉아서도 좋은 기분으로 식사를 할 수 있다. 그런데 반대로 입구가 좁고 지저분하고 어두컴컴하면 들어오는 순간부터 신경이 쓰이면서 기분 나쁜 기억으로 남게 된다.

그다음은 조리대의 위치다. 설거지 시스템, 배식구, 퇴식구가 아무리 잘되어 있어도 조리대가 너무 멀면 소용이 없다. 그래서 우리는 식당을 차릴 때 가장 먼저 조리대 위치를 잡고, 조리대에 맞춰 냉장고를 넣는다. 그다음 배식구 자리를 잡아 놓으면 당연히 퇴식구 위치가 나오고, 퇴식구에 그릇이 놓이면 잔반을 버리고 세척에서 건조까지 한번에 이루어지도록 하는 것이다.

우리도 처음에는 동선에 대한 개념이 전혀 없었다. 그렇다고 누가 가르쳐준 적도 없다. 모두 우리 스스로 터득한 것들이다. 둘이 밤새 머리를 맞대고 동선 따라 움직여 보고, 책도 뒤져 보면서 이게 맞겠다 싶으면 바로바로 적용해 보고, 다른 사람 의견이 더 합리적이다 싶으면 얼른 바꿔 보고 하면서 수년간의 시행착오를 거쳐 만들어 냈다. 설거지가 불편하면 편하게 고쳐 놓고, 요리하는 데 문제가 있으면 곧바로 해결하면서 깨우친 것이다.

홀도 마찬가지다. 홀은 무엇보다 테이블 배치가 중요하다. 테이블을 어떻게 놓느냐에 따라 동선이 만들어지기 때문이다. 공간이 작다면 테이블을 좌식으로 할지 입식으로 할지, 파티션을 놔서 독립된 방처럼 만들지 그냥 마루처럼 활용할지, 또 가로로 놓을지 세로로 놓을지는 가게 균형에 맞춰 정하면 된다. 장사가 안 되는 집에 가보면 공통적으로 눈에 띄는 것이 있다. 가게 안에 죽은 공간이 보인다는 것이다. 우리가 보기에는 충분히 테이블 하나를 더 놓을 수 있을 것 같은데 불필요한 짐을 쌓아 놨다거나, 음식을 나를 때 오며 가며 계속 툭툭 걸리는데도 그대로 방치하는 경우다. 그런 모습을 볼 때마다 우리 부부는 남의 일이지만 속이 터지고 안타까워한다.

하다못해 냉장고 하나 놓는 자리도 그렇다. 처음부터 손잡이가 오른쪽으로 오도록 놓으면 되는데, 꼭 왼쪽으로 오게 놓고 돌아가서 오른쪽으로 연다. 문을 열었을 때 내가 어느 쪽에 서서 넣고 닫아야 편리하고 효율적인지 생각해 보고 자리를 잡아야 하는 것이다. 반찬 하나를 담아도 오른손으로 담아서 쟁반을 들고 있던 왼손 편에 내려놓으면 간단할 것을 굳이 오른쪽 선반에 놓는 이유를 모르겠다. 또 냉장고 문을 열고 물병을 채워 넣을 때 대부분은 한 손으로 문을 잡고, 다른 손으로 물병을 넣는다. 이 얼마나 번거로운가. 아내는 아예 냉장고 문 앞에 등지게를 지고 양손으로 한 번에 물통 서너 개씩을 집어 냉장고에 넣는다. 그렇게 하면 남들 한 병 넣을 때 네 병씩 넣으니 일도 빠르고 전기요금도 그만큼 아낄 수 있는 것이다.

밥을 푸는 것도 공간 활용과 관련이 있다. 밥을 풀 때 주걱 끝으로 대패처럼 긁어내는 사람이 있는데 그럼 밥알이 모두 깨지고 만다. 그 대신 주걱 끝으로 톡톡 털면서 푸면 밥알이 고슬고슬하게 일어나면서 탱글탱글 살아 있다. 똑같이 50인분의 쌀로 밥을 해도 전자가 48그릇밖에 못 담을 때 후자는 51그릇이 나온다. 공간이 생기니까 밥알이 살아 있는 것이고, 똑같은 밥이지만 누가 푸느냐에 따라 맛있게 보일 수도, 먹다 남긴 밥으로 보일 수도 있는 것이다.

결국 이 모든 것은 효율성과 합리성의 문제로 귀결된다. 우리 집에는 테이블마다 작은 바구니가 하나씩 놓여 있다. 그 안에는 집게와 가위, 국자, 그리고 병따개는 물론이고 물컵과 겨자 같은 양념까지 들어 있다. 처음부터 테이블에 놓여 있으니 손님도 필요할 때 바로 꺼내 써서 좋고, 직원들도 집게 하나 때문에 왔다 갔다 할 필요가 없으니 편한 것이다.

손님이 식사하는 모습을 잘 관찰해 보면 불편해하고 아쉬워할 만한 점이 눈에 들어온다. 일례로 대부분의 식당이 미리 밥을 퍼서 온장고에 넣어 두는데, 금방 지은 밥을 온장고 안에 넣어 놓으면 밥공기가 너무 뜨거워서 손을 데고 만다. 우리 직원들도 그 때문에 온장고 온도를 낮춰 놓았던 모양이다. 밥공기가 이중이라 밥은 뜨끈뜨끈하지만 겉은 미지근하니 갖다 주기가 편하기 때문이다. 문제는 손님이 겉만 만져 보고는 밥이 식은 줄 알고 밥공기째 불판에 올려 데워 먹는 일이 벌어진 것이다. 당연히 밥공기는 새까맣게 타 버리고 직원들은 손님에게 그러면 안 된다고 한소리를 했다. 우리가 살펴보니 온장고가 50도로 맞춰져 있었다. 그래서 당장 65도로 올리고 직원들을 나무랐다. 자기들 편하자고 온장고 온도를 낮추는 바람에 밥이 식은 줄 알고 생긴 일이니, 뜨겁게 해서 내가면 불판에 올릴 일도 없지 않으냐고 말이다. 실제로 저장고 온도를 65도로 올린 직후부터 불판에 밥공기를 올리는 손님은 한 명도 없었다.

그 정도로 무슨 대단한 차이가 나겠느냐고 반박하는 사람도 있을 것이다. 하지만 '그 정도'를 생각할 줄 모르는 사람은 결코 성공할 수 없다. 장사, 특히 요식업을 하면서 이런 기본적인 효율성도 생각하지 못하는 사람이 어떻게 더 크고 중요한 부분을 발견하고 개선할 수 있겠는가. 효율성에 근거한 그 작은 생각의 차이가 큰 결과를 가져온다. 천재도 노력하는 사람은 못 당한다고 했다. 끊임없는 관찰과 생각의 전환으로 한 사람의 인건비를 줄일 수 있다면 가만히 앉아서 그만큼의 매출을 올리는 셈이 아닌가.

식당이든 다른 자영업이든 매출 대비 수익을
판가름하는 것은 의외로 손님 수가 아닌 인건비다.
장사가 잘돼도 임대료와 식재료비, 인건비를
빼고 나면 남는 게 없다고들 하는 소리가 바로
그것이다.

직원을 오늘 처음 오는 손님처럼 대하라

사장이란 월급을 주는 주인이 아니라 최고의 실력을 갖춘 선배를 말한다.

- 《오미 상도 18계명》 중에서 -

기업의 세계에 이른바 '틸의 법칙'이라는 것이 있다고 한다. 기초부터 망친 신생 기업은 되살릴 수 없다는 법칙인데, 창업할 때 동업자를 잘못 고르거나 직원을 잘못 채용하면 시간이 흘러도 바로잡기가 아주 어려워지기 때문이라는 것이다. 그래서 창업자의 가장 중요한 임무는 첫 단추를 잘 끼우는 일이라고 한다.

우리도 장사에 있어서 중요한 첫 단추 가운데 하나가 바로 직원이라고 생각한다. 처음에 직원을 잘못 뽑고 잘못 관리하면 가뜩이나 이것저것 신경 쓸 일 많은 창업 초기부터 어려움을 겪을 수밖에 없다. 흔히 손님이 돈을 벌어 준다고 생각하기 쉽다. 하지만 생각해 보라. 손님을 직접 응대하는 사람도, 손님상에 나갈 음식을 만드는 사람도 직원이다. 그들이 잘못하면 손님이 떨어지고 매출도 곤두박질치게 되어있다. 그러니 주인에게 돈을 벌어 주는 사람은 오히려 직원이 아니겠는가. 또 우리가 물건 하나를 구입하든 음식을 만들든 바로 옆에서 지켜보는 감독자가 바로 직원들이다. 지금 가장 가까이에 있는 직원이 내일은 적군이 될 수도 있다. 그래서 직원 무서운 줄 알아야 하며, 누구보다 직원을 먼저 챙기고 가장 잘해 줘야 하는 것이다.

장사하는 집이라면 어디나 같은 고민을 하겠지만 처음부터 내 마음에 드는 직원은 드물다. 오히려 각자의 개성대로 그들이 잘할 수 있는 일을 찾아 주는 것이 중요하다. 이를테면 새로운 직원이 왔는데 며칠 일을 시켜 보고 초가집보다는 기와집 서빙이 낫겠다 싶으면 그리 보내고, 한 가게 안에서도 손님상에 물 갖다 주고 주문만 받는 사람, 상만 차리는 사람, 상만 치우는 사람을 선별해서 각자의 역할을 주는 것이다. 그렇게 나름대로 규율과 규칙을 정해주면 일이 쉬워진다. 주방의 경우에도 막국수를 잘한다고 해서 채용했는데 막국수는 젬병이고 힘이 좋아서 설거지를 잘한다면 잘할 수 있는 일로 바꿔 주면 된다. 누구나 잘하는 것이 있고 못하는 것이 있다. 그 점을 잘 파악해서 역할 배분을 해주면 일이 훨씬 합리적이고 효과적으로 돌아가게 되는 것이다.

결국은 주인이 어떻게 운영하는가에 달려 있다. 직원들이 손님을 대하는 자세도 주인 하기에 따라 달라진다. 우리는 항상 직원들에게 손님이 불러야 가지 말고 알아서 가라고 한다. '심부름을 하지 말고 서비스를 하라'는 뜻이다. 또 주려면 시원하게 주고, 줄 수 없다면 분명하게 그 이유를 설명하라고 한다. 그런데도 불친절하네 싹수가 없네 하며 난처한 상황이 된다면 그땐 기분 좋게 다 주라고 한다. 작은 것 아끼려다 자칫 더 큰 것을 잃을 수 있기 때문이다.

우리는 직원들에게 숙식을 제공하고 우리도 기와집 2층에서 직원들과 함께 생활한다. 아내는 처음부터 지금까지 직원들 세면장 청소를 도맡아 한다. 본인들에게 하라고 해도 일하다 보면 소홀해지게 마련인데, 지저분한 세면장을 못 본 체하느니 차라리 직접 하는 게 낫기 때문이란다. 그냥 속 편히 살자면 가까운 아파트 얻어서 점심, 저녁 장사 때만 두 시간씩 봐주고 나머지는 우리 생활을 한다고 해도 별 지장이 없을 것이다. 하지만 아내나 나나 지금처럼 함께 어우러져 가는 것이 맞다고 생각한다. 직원들 식사도 특별히 신경을 쓰고 있다. 손님상에 남은 음식 먹으라는 말은 당연히 큰일 날 소리고, 손님 대접하듯 직원들 먹는 것도 항상 최상으로 대접한다. 웬만한 식당에 가보면 사장, 사모는 밥을 따로 먹는다. 직원들과 절대로 겸상을 안 하는 것은 물론이요, 새로 한 반찬도 주인 내외가 먼저 먹고 남은 건 직원들 먹으라고 한다. 그 밥을 먹으면서 직원들은 무슨 생각을 하겠는가. 인간 대 인간인데 그래서는 곤란하다는 것이다.

우리는 직원들에게 때로는 친구 같고 때로는 동료 같고, 또 형이자 누나이자 동생 같은 사장이라고 자부한다. 그래서 언제든 부담 없이 아내에게 채소 좀 따다 달라고 하면 따다 주고, 배탈이 났다고 하면 아내가 직접 담근 매실청을 타주고 건강식도 만들어 먹인다. 한번은 기와집에서 일하다가 퇴사한 직원이 전화를 했다. 얼마 전 퇴사할 때 사모님 제발 몸 돌봐 가며 일하라고 복분자 즙을 사놓고 갔다는데, 꼭 아내만 먹으라는 것이다. 하도 아내만 먹으라고 신신당부를 하기에 이상해서 열어 보니 하얀 비닐봉지 안에 속옷 한 장이 들어 있었다. 자기가 입어 봤는데 정말 좋아서 아내를 주려고 일부러 사 보냈다는 것이다. 이렇게 진심은 통하게 되어 있다.

그렇게 가족처럼, 귀한 손님처럼 직원들을 대하지만 때로는 직원 처우 문제로 부부간에 이견이 생길 때도 있다. 예를 들어 가불이 그렇다. 우리 둘 다 어렵게 산 사람들이라 직원들이 가불을 부탁하면 사정을 아니까 그냥 해주곤 한다. 가불을 해줬다면 다음 월급에서 가불한 금액을 제하고 주는 게 맞을 것이다. 하지만 나는 그대로 지급한다. 일단 급해서 가불을 하긴 했지만 막상 월급날이 되어 빈 통장을 보면 얼마나 낙심천만일지, 그 마음이 헤아려져서다. 그래서 가불한 금액은 월급과 별도로 갚아 나가라고 한다. 하지만 어디 사람 마음이 다 내맘 같은가. 개중에는 고마워하며 착실하게 갚는 사람도 있지만 가불한 돈을 뚝 떼먹고 그만두는 사람도 있다. 그때마다 사람에게 실망하는 내 모습이 보기 싫으니 아내가 한소리 하는 것이다.

또 한 가지는 명절 선물이다. 예전에 회사를 운영할 때나 지금이나 명절에 거래처에서 선물이 들어오면 집에 하나 가져오는 법 없이 다 풀어서 직원들과 나눈다. 그런데 아내가 가끔 섭섭함을 내비칠 때가 있다. 우리도 집에 아이들이 있고, 다른 가족들도 있으니 그 몫은 챙기고 나눴으면 좋겠다는 것이다. 하지만 나는 아내와 생각이 조금 다르다. 선물이 들어왔는데 직원들 다 보는 앞에서 바리바리 차에 싣고 가는 모습을 보인다면 직원들이 상대적 박탈감을 느끼지 않겠는가? 그것은 곧 우리 사업에 마이너스일 수밖에 없다. 그래서 직원들이 가져가라 해도 개의치 말라고, 내가 돈이 없어서 필요한 것 못 사는 사람도 아닌데 상관없다고 말한다. 이제는 아내도 으레 그러려니 하고 자기가 먼저 나서서 챙긴다. 우리 직원들과의 가족 같은 유대감은 결국 이런 노력들이 더해져서 이루어진 셈이다.

그 덕분에 직원들도 우리 집에 대한 애착이 남다르다. 그래서 짧게는 4년, 길게는 7년 이상 같이 오면서 일당백의 역할을 톡톡히 하고 있다. 그게 얼마나 큰 재산인가. 장사하는 사람에게는 사람이 밑천이고 재산이다. 그러니 사람을 아껴야 하고, 사람 귀한 줄 알아야 한다.

장사하는 집이라면 어디나 같은 고민을 하겠지만
처음부터 내 마음에 드는 직원은 드물다. 오히려 각자의
개성대로 그들이 잘할 수 있는 일을 찾아 주는 것이
중요하다.

손님이
손님을 부르게 하라

규칙 1. 언제나 고객이 옳다.
규칙 2. 만약 고객이 틀렸다면 다시 규칙 1로 돌아가라.
- 스튜 레너드 -

인도 속담에 '손님은 신과 같다'는 말이 있다. 처음 장사를 시작하는 사람들이 가장 넘어가기 힘든 고비가 바로 손님이라는 큰 산이 아닐까 싶다. 오죽하면 장사하는 사람을 도인이라고 할까. 음식만 맛있으면 그만이라고 생각했던 우리 부부 역시 초창기에는 참 어이없는 일을 많이 겪었다. 못 쓰는 수표를 내고 되레 거스름돈을 받아가는 일은 다반사였고, 음식에 돌을 집어넣고 이가 부러졌다며 보험 사기를 치는 사람도 있었다. 한번은 막 오픈해서 경황없는 틈을 타 택배를 사칭, 가게 밖으로 유인한 뒤 금고를 통째로 들고 가 버린 경우까지 있었다. 처음에는 막무가내 손님 때문에 아내도 많이 울었다. 지켜보는 나도 속에서는 천불이 났지만 내가 나섰다가는 큰 싸움이 나니 그럴 땐 그저 자리를 피해 버리는 게 상책이었다. 그러면서도 아내 혼자 그 수모를 고스란히 감당하는 모습을 보면 이렇게까지 당하면서 장사를 해야 하나 싶고, 맘이 짠하고 아플 때가 한두 번이 아니었다.

하지만 사람이 무서워지기까지 했던 시간들을 건너와 보니, 아무리 우리가 잘못한 것이 없어도 무조건 죄송하다고 하는 수밖에 도리가 없음을 알게 되었다. 우리 입장에서는 환장할 노릇이지만 손님과 시시비비를 따질 수는 없는 노릇 아닌가. 그나마 요즘은 CCTV가 워낙 잘되어 있으니 다행이지만 문제는 어떤 식으로든 생길 수 있기 때문에 항상 조심하는 수밖에는 없다

특히 신발 때문에 문제가 생기는 경우가 많다. 슬리퍼 끌고 왔다가 버젓이 남의 신발 신고 가 버리는 사람도 있고, 별의별 일을 다 겪은 터라 최근에는 아예 신발장 전용 CCTV를 달았다. 얼마 전에도 손님 한 분이 신발이 없어졌다며 노발대발한 일이 있었다. CCTV 확인 결과 가져간 사람이 다행히 카드 결제를 했으니 신원을 알아보고 돌려 달라고 하겠다, 일단 댁에 가서 기다리시라고 정중히 부탁했다. 그런데 신발을 잃어버린 손님은 왜 내가 그걸 기다리느냐, 당신들이 물어주면 될 것을 지금 수 쓰는 거냐며 우리를 숫제 도둑 취급하는 것 아닌가. 우리는 굳이 그런 오해까지 받을 필요가 뭐 있나 하는 생각에 그럼 경찰서에 신고하시라고 했다. 알고 보니 신발을 바꿔 신고 간 사람은 어떤 아주머니였는데, 경찰이 연락할 때까지 바뀐 줄도 모르고 있었다며 무사히 돌려주었다.

아직까지 잊지 못할 고약한 손님도 있다. 어느 가족이 한눈에 보기에도 장애가 있는 아이를 데리고 왔다. 아이에게 밥을 먹이는데 제대

로 삼키질 못하고 사래가 걸렸는지 토하고 말았다. 그러니 그 부모가 다른 손님들에게 얼마나 미안했겠는가. 당황해서 사방에 죄송하다고 사과를 하는데 바로 옆 테이블에서 밥을 먹던 사람이 조금 튀었다고 난리를 치는 것이 아닌가. 다짜고짜 세탁비부터 물어내라고 윽박지르는 손님 뒤로 난감해하는 아이 부모의 얼굴이 보였다. 똑같이 자식 키우는 사람으로서 얼마나 짠하고 마음이 아프던지, 항의하는 손님에게 음식 값도 받지 않고 세탁비로 30만 원을 물어주었다. 의기양양하게 물러나는 일행을 보며, 자신들도 자식들과 함께 밥을 먹으러 왔으면서 그 앞에서 어떻게 그런 모습을 보일 수 있는지 이해할 수가 없었다.

그럼에도 어떠한 경우든 손님을 극진히 예우하고 서비스 정신을 잃지 않는 것이 식당의 기본이다. 장사의 목적은 다른 고객을 확보해 주는 고객을 만드는 것이란 말이 있다. 음식 장사는 입소문이 절반이다. 한 번 방문한 손님이 두 번째 방문할 때는 다른 일행과 동행하게 되고, 그 일행이 또 다른 이들과 함께 방문하게 되는 문어발식 마케팅이 가장 잘 먹히는 업종이 바로 음식업이다. 그 집 맛있더라, 분위기 좋더라는 소문도 손님이 내주는 것이고, 별맛 없더라, 심지어 절대로 가지 말라는 소문도 손님이 낸다. 그러니 어쩌다 말도 안 되는 억지를 부리더라도 그 손님을 상대하는 주인의 모습을 지켜보는 더 많은 눈을 생각해서 두 눈 질끈 감고 무조건 죄송합니다, 고개를 숙여야 하는 것이다. 굳이 잘잘못을 따지지 않아도 누가 잘했고 잘못했는지는 지켜보는 손님이 더 잘 알기 때문이다.

한 번 만족시킨 고객은 최고의 세일즈맨이 된다.

이른바 '갑질'을 하는 손님이 듣고 싶어 하는 것은 주인의 사과지 변명이 아니다. 그러니 설령 100퍼센트 손님 잘못이라 해도 고개를 숙여야 한다. 그걸 지켜보는 수많은 손님을 봐서 이 한 사람의 무례와 억지를 참는 것이다. 그렇게 해서 나머지 손님의 마음을 움직일 수 있다면 그것이야말로 남는 장사다. 실제로 모멸감과 수치심에 주르륵 눈물을 쏟던 아내도 그 상황을 지켜보던 손님의 위로를 받으면 다시 힘이 난다고 했다.

어느 젊은 레지던트가 늙은 의사에게 지금까지 일하시는 비결이 뭐냐고 물었더니 이렇게 대답했다고 한다. "틀니는 집에 두고 오더라도 보청기는 꼭 끼고 출근하지요." 환자가 하는 말에 귀 기울일 줄 아는 것이 그만큼 중요하다는 이야기일 것이다. 장사도 마찬가지다. 내 말은 줄이는 대신 손님의 이야기를 잘 들어주고 존중하는 태도를 보인다면, 그 순간 손님은 스스로 최고의 영업사원이 되어 준다. 그래서 우리는 '미소를 짓지 않으려면 장사를 하지 마라'는 중국 속담을 매일매일 가슴속에 새긴다.

남의 돈으로 흥한 자, 남의 돈으로 망한다

남의 돈에는 날카로운 이빨이 있다.
- 러시아 속담 -

처음 장사를 시작하는 사람에게 가장 중요한 것은 역시 '돈'이다. 그런데 내 주머니에 있을 때는 한없이 좋지만, 앞에 '남' 자가 붙으면 제일 무서워지는 것이 바로 돈이다. '남의 돈' 무섭고 '남의 돈' 귀한 줄 알아야 한다. 그래서 장사를 시작하려는 사람에게 빼놓지 않고 하는 말이 절대로 남의 돈으로 시작하지 말고, 또 남한테 줄 돈은 항상 먼저 주라는 것이다.

요즘은 없는 사람도 너무 잘 쓰고 사는 시대다. 살기 어렵다, 어렵다 하면서도 쓸 건 다 쓰고 사는 사람들이 많은데 그래서는 곤란하다. 소소하게 나가는 돈을 막지 않으면 돈을 모을 수가 없기 때문이다. 우리 직원들 중에도 그런 경우가 종종 있다. 출근길에 빵 사온 걸 보고 "빚이 3,000만 원이나 있다면서, 그 빵 산 돈은 빚 아니야?" 하면 "이모, 나 2,800만 원이나 갚았어!" 이런다. 지금 당장 빵 안 먹는다고 어떻게 되는 것도 아닌데, 굳이 안 써도 되는 돈을 쓰는 것이다. 한 잔에 2,500원인가 3,000원인가 하는 커피를 사 마시는 것도 이해하기 어렵다. 그 돈으로 떡을 사면 한 끼 식사고, 옛날 같으면 라면 한 박스를 살 돈 아닌가 말이다. 너무 참고 사는 것도 그렇지만 어느 정도는 형편에 맞게 살려고 노력할 필요가 있다.

우리가 항상 강조하는 것 중 하나가 아무리 어려워도 절대로 종잣돈은 쓰면 안 된다는 것이다. 농사짓는 사람에게 가장 중요한 것이 종잔데, 어렵다고 종자를 먹어 버리면 훗날을 기약할 수가 없다. 장사하는 사람도 마찬가지다. 제일 중요한 종잣돈부터 마련해 놓고 시작해야 한다. 그런데 종잣돈 하나 없이 그 무서운 남의 돈을 밑천 삼아 장사하려는 사람은 대체 무슨 배짱인지 모르겠다.

만약 수중에 돈이 없다면 그 사람의 종잣돈은 건강이다. 내 몸이 재산이고 내 몸이 종잣돈이니, 일단 장사 잘되는 집에 취직해서 돈을 벌어 가며 노하우를 익히면 된다. 그렇게 하면 종자가 될 돈도 벌고, 창업했을 때 실패할 확률을 50퍼센트 이상 줄일 수 있으니 그보다 확실한 투자가 어디 있겠는가. 그런데 돈을 버는 데만 목적을 둘 뿐 어떻게 벌어야 하는지는 모르고, 일꾼으로 살아갈 생각 없이 사장으로만 살고 싶어 한다. 그런 생각으로 장사를 시작한다면 100퍼센트 실패는 불 보듯 뻔하다.

우리 초가집의 인기 메뉴 중 하나가 누룽지 백숙이다. 우리는 이 음식을 만들기 위해 백숙 잘하는 집에 800만 원이란 거금을 주고 배워

왔다. 우리는 800만 원 주고 배워 왔지만 우리 직원들은 월급 받으면서 누룽지 백숙 레시피도 배우니 이미 종자를 얻은 셈이다. 월급 착실히 모아 가며 식당 경영하는 노하우도 배워서 이제 준비가 되었다 싶을 때 우리한테 자문을 얻어 창업을 한다면 실패 확률이 얼마나 줄겠는가. 그런데 그 모든 과정을 생략한 채 돈은 빨리 벌어야겠고, 남의 집 살이는 치사해서 못하겠고, 그런 생각으로 남의 돈 빌리고 대출까지 받아서 올인해 봤자 잘될 리가 없다. 혹자는 경험이 없으면 프랜차이즈를 하면 되지 않냐고 할 것이다. 하지만 생각해 보라. 프랜차이즈 본사도 손익분기점 계산해서 자기들이 더 많이 남으니까 하는 거다. 그런데 식당의 '식' 자도 모르는 상태에서 프랜차이즈의 마케팅력만 믿고 종잣돈에 남의 돈까지 투자해 창업하는 것이 과연 옳은 일일까?

미국의 어느 경영학자가 연구한 바에 따르면 한때 세계를 호령했던 로마제국이나 중세 스페인이 망한 근본적 원인은 전쟁에서 졌기 때문이 아니라 내부의 위협, 즉 재정 적자 때문이라고 한다. 1990년대 일본도 그랬고, 지금의 미국도 위험하다는 것이다. 세계의 패권을 쥔 강대국도 부채 증가로 인한 재정 불균형으로 무너지는 마당에, 개인이나 자영업은 말해 무엇 하겠는가.

장사가 잘되고 현금 부자라고 소문이 나니 우리가 집 안에 돈을 쌓아 놓고 사는 줄 아는지, 주변에서 크고 작은 돈을 빌려 달라는 사람이 많다. 앞서 누차 이야기했듯이 우리는 돈 한 푼 허투루 쓰지 않는 사람이라 그 돈을 선뜻 내어주기란 사실 쉬운 일이 아니다. 하지만 상황이 정 딱하고 다급해 보이면 가끔 큰돈을 빌려주기도 한다. 한번은 지인이 사업을 준비하는데 급전이 필요하다며 1,000만 원만 빌려달라고 몇 차례나 통사정을 했다. 잘 아는 사람이라 계속 거절하기도 난처하던 차에 아내가 이렇게 말했다. "빌려주면 아마 100퍼센트 못 받을 거예요. 그러니 줄려면 받을 것 기대하지 말고 줘요." 결국 그에게 1,000만 원을 빌려줬지만 10년이 지난 지금까지 감감무소식이다. 나중에라도 잘됐다면 갚으러 왔으련만 아직 소식이 없다는 것은 필시 일이 잘 안 풀렸다는 뜻이리라. 누군가가 어렵게 번 금쪽같은 '남의 돈'을 쉽게 생각하는 사람이라면 성공하는 것이 오히려 이상한 일 아니겠는가.

실제로 큰 규모로 장사를 잘하던 사람이 어느 날 갑자기 망했다고 하면 100퍼센트 남의 돈 때문이다. 남의 돈으로 덕을 봤다가 결국은 남의 돈 때문에 모든 것을 잃게 되는 것이다. 그러니 내 돈이 귀하면 남의 돈은 천금만금 더 귀하게 여겨야 한다. 그래서 우리는 식자재 구입할 때도 우수리 몇천 원씩은 떼고 주는 게 관행이지만 귀한 남의 돈이기 때문에 1원짜리까지 정확하게 맞춰서 보내 준다. 장사를 할 때는 그래야 한다. 가진 게 얼마 없으니 남의 돈 보태서 기왕이면 목 좋은 곳에 자리 잡아 장사를 하겠다고? 성공은 내가 어떻게 만들어 가느냐에 달려 있지, 목 좋은 곳에 차려 놓는다고 저절로 굴러 들어오진 않는다. 적어도 우리는 그렇게 해왔고, 그래서 여러분에게도 제발 형편에 맞춰 시작하라고 자신 있게 말할 수 있는 것이다.

제7원칙

손님에게
새로운 경험을 제공하라

고객을 만족시켜라. 처음에도, 맨 나중에도, 그리고 항상.
- 루치아노 베네통 -

우리 집에 처음 오는 손님은 내비게이션에 주소를 찍고 다 와서 전화를 하는 경우가 많다. 정말 이 허허벌판 논두렁에 기와집이 있고 초가집이 있는지 확인차 하는 전화다. 실제로 장어를 파는 기와집과 낙지를 파는 초가집이 허허벌판에 마주 보고 있는데, 이 입지 선정에서부터 가게의 상호와 인테리어 모두가 처음부터 우리의 전략이었다. 대한민국 사람 중에 초가집을 모르는 사람은 없으니 외우기 쉽게 초가집이라 하고, 초가집이 있으니 그 앞에 새로 지은 식당은 당연히 기와집으로 한 것이다.

내가 유통업을 할 때 만든 상호는 더 걸작이었다. 1997년 당시는 박찬호 선수가 미국에서 대활약을 펼칠 때였는데, 그의 등번호가 61이었다. 박찬호 선수 정도면 개천에서 용 난 것이고, 야구의 본고장인 미국에서 인정받는 선수가 된 것은 정말 엄청난 일이라는 생각이 들었다. 그래서 회사명을 육일축산으로 짓고, 61이 새겨진 야구 모자를 모든 영업사원에게 씌워 주었다. 그 당시에 TV에서 매일 보는 게 박찬호고 박찬호 하면 61번이니, 육일축산에서 왔다고 하면 모든 사람이 대번에 기억할 수밖에 없었다. 영업 전략이 먹혔던 셈이다.

얼마 전 거래처에서 우리 직원들 마시라고 드링크제를 큰 박스로 내려놓고 갔다. 그걸 보니 잠시 옛 생각이 났다. 20년 전에 식당 영업하면서 우리도 많이 썼던 방법이다. 어떻게 하면 최소의 금액으로 최고의 효과를 볼 수 있을지 고심한 끝에 찾은 방법이 맨손으로 가는 것보다는 음료 한 병 들고 가자는 것이었다. 남들이 보기에는 크게 차려 놓고 쉽게 얻은 성공 같지만 우리는 정말 많이 노력했다. 그렇다고 남의 덕을 바란 적도 없다. 그저 우리 힘으로 우리 일 열심히 하면서 항상 베풀고 손해만 봤지 덕을 본 적은 없었는데, 그래선지 한 번 큰 운이 찾아온 적이 있었다.

인터넷이 한창 활성화되던 때였다. 우리 집 음식이 맛있다는 글이 인터넷에 하도 많이 올라오니까 방송국에서 섭외가 들어온 것이다. 이른바 수상한 맛집으로 소개가 됐는데 그 반응은 실로 엄청났다. 당시만 해도 하루 매출 500~600만 원 정도이던 것이 방송 나간 바로 다음 날 1,500만 원 이상을 찍어 버린 것이다. 그때 처음 방송의 위력을 알게 되었고, 그 뒤로는 어떤 방송이든 기회가 오는 대로 성심성의껏 촬영에 응했다.

한번은 모 프로그램에서 우리 메뉴가 아닌 다른 메뉴를 내보내자고 했다. 우리는 그 메뉴가 없다고 했더니 피디가 하는 말이, 일단 방송 촬영용으로 내보내고 한두 달 지나도 손님 반응이 없으면 메뉴에서 빼면 되지 않겠냐는 것이었다. 반신반의하면서 우리 메뉴에 제작진의 아이디어를 더해서 촬영을 했다. 방송을 보고 사람들이 좋아한다면 우리 집에 찾아오는 손님도 좋아할 것이라는 생각이 들었기 때문이다. 그 이후로 촬영을 오는 피디들에게 이것저것 조언을 구했고, 방송은 시청자가 모르는 것을 알려주는 역할을 하는 것이니 색다르게 하는 것이 좋다는 이야기를 들었다.

색다른 것이 과연 무엇일까, 고민을 거듭한 끝에 떠올린 아이디어가 연밭을 만들자는 것이었다. 식당 앞에 커다란 연밭을 만들어 놓으면 찾아오는 손님이 아름답게 핀 연꽃을 보며 즐거워할 것이고, 저 집에 가면 연꽃을 볼 수 있다는 이야깃거리도 될 수 있겠다는 생각이 들었다. 무엇보다 연은 한번 심어 놓으면 별다른 손이 가지 않는 데다 연잎부터 뿌리까지 버릴 게 없으니 제격이었다. 그날로 논에 땅을 파고 커다란 연밭을 만들었다. 그리고 모든 음식에 연잎 우린 물을 사용함으로써 결과적으로 손님 건강에 더 좋은 음식을 만들게 된 것이다. 이거야말로 누이 좋고 매부 좋고, 꿩 먹고 알 먹는 격 아닌가.

홍보는 적극적이어야 한다. 정육점을 할 때도 '행운정육점'이라고 새긴 스티커를 만들어서 새벽마다 오토바이 타고 다니며 뿌렸지 가만히 앉아서 손님을 기다린 적은 한 번도 없었다. 내가 하는 일이고 사람들이 와야 장사가 되는 일이라면 하나라도 더 알릴 수 있는 방법을 찾고 또 찾아야 한다. 일례로 아내의 유니폼은 초가집 낙지, 기와집 장어가 새겨진 앞치마다. 아내는 그 앞치마 차림으로 백화점에도 가고 마트에도 간다. 일부러 전단지를 돌려서라도 알려야 할 판에, 기왕 사람 많은 곳에 가는 김에 우리 집 로고가 새겨진 앞치마를 입고 가면 좀 좋은가. "어머, 저 아줌마 봐! 앞치마 차림으로 쇼핑하네?" 하고 수군대든 말든, 그 덕에 우리 초가집 이름을 기억할 수 있다면 얼마나 다행인가 말이다.

초가집에 처음 온 사람은 마치 타임머신을 탄 것 같다고 한다. 옛날 교복부터 이 빠진 그릇들, 농기구, 소풍 때 크게 틀어놓고 춤이라도 한바탕 췄을 것 같은 커다란 카세트플레이어, 처음 나온 전화기 등 자신들이 어릴 때나 학교 다닐 때 쓰던 물건들을 고스란히 볼 수 있기 때문이다. 이제는 초가집도 민속촌에나 가야 볼 수 있는 세상이지만, 우리 집에 놓인 물건들은 세월의 더께를 안고 마치 옛날 시골 초가집 마루에 앉아 있는 듯한 기분을 선사한다. 자연히 사람들은 어린 날의 추억을 떠올리며 즐거워한다. 음식은 맛이 반, 분위기가 반이라는 말이 있다. 잊고 있던 옛 시절의 추억과 함께 우리는 맛있는 음식을 대접한다. 무궁무진한 이야깃거리와 함께 말이다.

홍보는 바로 이렇게 시작되는 것이다. 맛만 있으면, 목이 좋으면 알아서 손님이 찾아올 것 같은가? 결코 아니다. 손님이 오게끔 만들기 위해서는 없던 메뉴도 만들고, 계속해서 관심을 끌 수 있는 뭔가를 만들어야 하는 것이다. 그것이 흔히 말하는 마케팅 전략이고 PR 아니겠는가. 'Do better'가 아니라 'Do different' 하라는 마케팅 이론이 있다. '잘하는 것'보다 '다르게 하는 것'이 중요하다는 이야기다. 장사를 시작했다면 남보다 더 잘하려고 노력하는 것은 지극히 당연하다. 문제는 당신의 경쟁자들도 다 그렇게 하고 있다는 것이다. 따라서 노력 플러스 차별화, 즉 색다른 무언가를 제공하려는 노력을 게을리 해서는 안 되며, 홍보에 발 벗고 나서는 일을 부끄러워해서는 안 된다. 어떻게 해서든 이목을 끌고 사람들이 오게끔 만들어야 한다. 정말 부끄러운 것은 아무것도 하지 않아 텅 빈 식당에 혼자 앉아 있는 일이다.

고객에게 특별한 감동을 선사하지 못한다면,
비록 당장은 만족을 줄 수 있을지라도 다시 찾도록 하는 것은
장담할 수 없다.

위기에 대처하는
플랜 B를 세워라

중국인은 "위기"를 두 글자로 씁니다.
첫 자는 위험의 의미고 둘째 자는 기회의 의미입니다.
위기 속에서는 위험을 경계하되 기회가 있음을 명심하십시오.
- 존 F. 케네디 -

10년 전, 우리는 육일축산 사옥을 지을 생각으로 지금의 초가집 부지를 구입했다. 그런데 곰곰 생각해 보니 사옥을 짓게 되면 우리 대에서 끝나는 것이 아니라 아들한테까지 육류 일이 이어질 것 같았다. 아무리 직업에 귀천이 없다고 하지만 그 험하고 드세기 짝이 없는 일을 맡기고 싶지는 않았다. 그래서 한번 다른 일을 해보자고 마음먹은 것이 초가집을 시작하게 된 계기였다.

처음부터 170평짜리 대형 건물을 지었다. 당시만 해도 이 일대는 축산 단지여서 가축 배설물 냄새로 숨 쉬기조차 힘들 정도였다. 일을 하다 짜장면이라도 먹을라 치면 새까맣게 덤벼드는 파리들 때문에 짜장면이 입으로 들어가는지 코로 들어가는 모를 지경이었다. 새로운 일을 해보자는 생각으로 시작한 일이었지만 주위 환경을 둘러보노라면 과연 이런 곳에서 장사가 될까, 반신반의하기 일쑤였다. 하지만 막에 하나 실패한다 해도 밑져야 본전이라고 마음을 다잡았다. 어차피 성공과 실패는 종이 한 장 차이고 확률은 50대 50이니, 안 되면 빨리 접고 가능한 한 출혈이 적은 쪽으로 전환할 수 있는 대안을 세워 두기로 한 것이다. 실패해도 땅은 남으니 종잣돈은 살아 있는 셈이고, 그 자리에 냉동 창고를 들이면 된다고 생각했다.

우리는 어떤 일도 허투루 시작해 본 일이 없다. 새로운 일을 시작할 때는 마지막 하나까지 엄격하게 따져 보고 치밀하게 계산해서 결정을 내렸다. 그보다 더 중요한 것은 항상 대안을 준비했다는 점이다. A 아니면 B의 대안 없이는 새로운 일을 시작하지 않았다. 결과가 안 좋을 때를 생각해서 하나에 올인하는 모험은 절대 하지 않는다. 예를 들어 분식집을 해서 대박이 나서 다른 일이 하고 싶다면 분식집은 그대로 유지하면서 다른 쪽이 자리 잡을 때까지 이어가야 한다. 다행히 다른 쪽이 더 잘되면 그때 분식집을 접고 넘어가는 것이다. 결과가 확실하게 보이지 않는 상태에서는 결코 모험을 거는 것이 아니다.

보리밥집을 처음 시작하고 장사가 너무 안 될 때의 일이다. 한참 궁리를 하다가 가게 일부를 막고 닥트 공사를 해서 오리 로스를 팔기 시작했다. 이를테면 한 지붕 두 가게였던 셈이다. 직원들한테는 보리밥집을 맡기고 아내 혼자 오릿집을 맡아 팔았는데 생각보다 수익이 꽤 짭짤했다. 아내 혼자 하루에 100만 원, 200만 원씩 팔았다. 이럴 바엔 보리밥 때려치우고 오릿집으로 바꿔야 하나 고민하던 찰나에 조류독감이 터졌다. 하루 100만 원씩 팔던 매출이 하루아침에 제로를 찍는 날도 수두룩했다. 만약 그전에 당장 눈에 보이는 매출에만 현혹돼서 오릿집으로 전환했었다면? 생각만 해도 아찔한 노릇이다.

특히 식당에서 시설비를 들여 메뉴를 바꾼다는 건 엄청난 모험이다. 예를 들어 보리밥집에서 고깃집으로 바꾼다고 하면 닥트 공사부터 시작해서 바꿔야 할 시설이 너무 많다. 하지만 장엇집을 하다가 안 되면 어차피 공사는 다되어 있으니 등심이나 삼겹살, 아니면 오리로 바꾸면 된다. 메뉴만 바꾸면 되기 때문에 손실이 거의 없는 것이다. 그런데도 많은 사람이 뭔가를 시작할 때 100퍼센트 성공한다는 전제하에서 올인을 한다. 만에 하나 실패할 경우 어떻게 하겠다는 대책이 없는 것이다. 계획은 누구나 세운다. 그런데 많은 사람이 잊고 있는 것이 있다. 계획이란 미래에 무엇을 할 것인가가 아니라, 자신이 그리는 미래를 위해 '지금' 무엇을 할 것인가를 결정하는 일이라는 사실이다. 마냥 낙관적인 미래를 꿈꾸며 그 희망에 맞춰 세우는 계획은 불확실한 미래 앞에서 모래성처럼 무너지기 쉽다.

우리는 항상 모든 일에 앞뒤를 쟀다. 만에 하나 안 될 때를 가정해서 과연 대안이 있는지 생각하고, 대안이 없다면 하지 않았다. 좀 신통치 않더라도 차라리 그대로 유지하는 게 돈 버는 일이지, 섣불리 모험을 해서 날려 버릴 수는 없는 일 아닌가. 무척 단순하지만 가장 기본적인 이야기다. 처음 초가집 부지를 사고 건물을 지을 때, 우리는 그 앞 호매실 지구에 대규모 아파트 단지가 들어서면 그만큼 손님도 늘어날 거라는 계산을 하고 시작했다. 그리고 우리가 예상했던 것보다 빨리 성공을 거두었다. 지금 우리는 또 다른 고민에 빠져 있다. 부동산 개발로 어느 날 갑자기 이 부지가 수용당하면 어디로 갈 것인지, 그때 식당 콘셉트는 어떠해야 하는지, 지금 메뉴를 고수할지 아니면 새로운 메뉴로 바꿀지 등이 그것이다. 미래는 항상 불투명하기 때문에 한 발 앞서 만일의 경우를 항상 대비하는 것이다.

어떤 일을 하든 시대적인 변화를 예측하고 계획하고 준비하는 자세가 필요하다. 사실 우리 정도면 여기서 어려워진다고 해도 당장 심각할 정도로 타격을 입지는 않는다. 그럼에도 앞날을 대비하려면 지금 무엇을 어떻게 준비할 것인지 항상 고민한다. 그런데 태평하게 그저 때가 되면 감 떨어지겠지 하는 사람이 의외로 많다. 대안을 만들어 두라는 말은 얍삽하게 양발을 걸치란 뜻이 아니다. 최대한 손해를 줄일 수 있는 방어책을 마련해 두라는 이야기다. 의욕적으로 가진 것 다 털어 치킨집 차렸더니 하루아침에 조류독감이 퍼질지, 영원한 흥행불패라고 자신하며 삼겹살집을 차렸는데 갑자기 구제역이 올지, 그건 아무도 모르는 일이다. 불과 얼마 전까지만 해도 메르스라는 괴물이 나타날 줄 누가 알았겠는가. 그 바람에 문 닫기 일보 직전까지 갔던 자영업자가 어디 한둘이었나. 다행히 우리는 메르스도 잘 먹어야 면역이 높아져서 안 걸린다는 속설 덕분인지 금세 평소 매출을 회복했다.

우리가 부러운가? 그렇다면 죽기 살기로 임하되, 한 치의 의심도 안 남을 때까지 치밀하게 계산하라. 특히 아무 대안 없이 시작하는 것은 외줄에 온몸을 지탱하는 것만큼 위험천만한 일이다. 그 외줄이 동아

줄일지 썩은 줄일지는 아무도 모른다. 몸의 무게중심을 나눠야 위험을 줄일 수 있다. 물론 외곬 장인정신이 살아 있는 식당도 좋지만 그게 꼭 당신일 필요는 없다. 유난히 변수가 많은 자영업에서 당신은 판을 읽을 준비가 되어 있는가? 부디 건투를 빈다!

시도했는가? 실패했는가?

괜찮다.

다시 시도하라.

다시 실패하라.

더 나은 실패에 도전하라.

– 사뮈엘 베케트 –

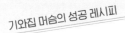

성공은 얼마를 갖고
시작하느냐가 아니라
실패를 줄이려는 노력에 달려 있다

우리가 처음 식당을 차렸던 20년 전과 비교하면 지금은 물가나 세금도 너무 오르고, 창업에 필요한 제반 환경이 참 많이 달라졌다. 그래서 우리는 가끔 이런 생각을 할 때가 있다. '지금 만약 그때처럼 수중에 1,300만 원밖에 없다면 어떻게 할까?'

아내는 그 돈으로는 아무것도 할 게 없으니 그냥 취직을 하겠다고 한다. 하다못해 호떡 장사를 해도 기계 구입하고 기본적인 것 준비하려면 1,000만 원은 들어가는데, 확실하지도 않은 장사로 그나마 있는 돈까지 말아 먹느니 일단 장사 잘되는 집에 취직해 월급 받아 가면서 그 집만의 노하우를 배우기 위해 또 죽기 살기로 일하겠다는 것이다.

반면 나는 요즘 같은 시기에 1,000만 원으로 장사를 한다면 주저 없이 정육점을 차리겠다고 했다. 내가 소자본으로 정육점을 하려는 이유는 여러 가지다. 일단 고기는 수축 필름으로 진공 포장한 상태에서 45일까지도 냉장 보관이 가능하기 때문에 재고가 잘 안 남는다. 또 식당이나 편의 점은 가만히 앉아서 손님 오기를 기다려야 하지만 정육점은 판매 루트가 좀 더 다양하다. 시설이 많이 필요하지도 않고, 부부가 한다면 한 사람은 가게에서 손님한테 팔고, 또 한 사람은 식당이나 급식이 가능한 단체에 영업을 다니면 되니 빠른 시일 내에 매출을 극대화할 수 있다. 기본적으로 특별한 기술이 필요 없기도 하고, 만약 고기 해체하는 기술이 있다면 그 자체로도 충분히 아르바이트 거리가 될 수 있으니 수입을 올릴 수 있는 루트가 다양하다. 본인만 부지런하다면 얼마든지 플러스 영업을 통해 큰 매출을 올릴 수 있는 분야인 것이다.

실제로 우리가 그랬었다. 처음 정육점을 할 때 정말 미친 듯이 죽기 살기로 해냈다. 오늘 열 근 주문이 와도 둘이 하고, 내일 100근 주문이 와도 둘이 했다. 평소에 새벽 6시에 나와 열 근을 썰었다면 100근 주문이 들어오면 훨씬 더 앞당겨서 나왔다. 그렇게 해서 한 달에 2,000만 원씩 벌었어도 힘들다고 120만 원 주고 사람 쓰지 않았다는 것이다. 사람을 들이면 식사 챙겨 주랴, 출퇴근 시간 지켜 주랴 신경 쓸 일이 한두 가지가 아니다. 그러느니 그냥 우리가 힘들고 말자, 돈이 새어 나가는 문을 걸어 잠그자 하고는 몸으로 다 때웠다. 아이들이 한 살이라도 어릴 때 벌어 놔야 한다는 생각밖에 없었다. 가진 돈이 없을 땐 그렇게 몸으로 때워야 한다. 가만히 앉아서 머리만 굴리다가는 어떤 장사도 절대로 성공할 수 없다.

만약 1,000만 원밖에 없다면 또 한 가지 방법이 있다. 대형 식당을 차리는 것이다. 그랬더니 아내가 황당하다는 표정으로 이렇게 물었다. "아니

돈이 1,000만 원밖에 없다니까 그 돈으로 무슨 대형 식당을 차려요?" 몰라서 하는 소리다. 요즘 겉보기에만 멀쩡하지 속은 썩어 가는 식당이 굉장히 많다. 규모만 크게 벌여 놓고 현상 유지도 못하는 식당들 중에는 누구든 능력 있는 사람이 대신 맡아서 관리비만 벌어 달라는 곳이 꽤 있다. 나는 바로 그런 가게에 들어가 성공시키겠다는 것이다. 물론 나처럼 경험 많고 식당일을 할 줄 아는 전문가에게나 해당되는 경우이긴 하다.

우리도 처음 초가집을 시작했을 때 전문 경영인을 초빙해서 맡긴 적이 있다. 인천 부평에서도 제일 큰 중화요릿집 총지배인이었다. 지인으로부터 1,000여 평 규모의 대형 식당을 잘 관리한다는 말을 듣고 직접 가보니 믿음이 갔다. 그래서 초가집을 맡겼는데 일하는 방식을 보니 우리와는 영 맞지 않았다. 그래서 그렇게 하면 안 된다고, 여기는 당신 놀이터가 아니라고 한마디 하고는 내보냈다.

창업을 하든, 망한 가게를 이어받든 새로 시작하는 식당을 관리하는 것은 쉬운 결코 일이 아니다. 초창기에 논두렁 한가운데 170평이나 되는 건물을 지어놓고 보리밥을 팔 때였다. 손님은 없고 재료를 썩혀 버릴 순 없고, 우리가 선택한 방법은 파격 할인이었다. 전단지에 30퍼센트, 50퍼센트 할인 이벤트를 찍어 마구 돌렸다. 그랬더니 손님이 쏟아지는데 테이블 60~70개로도 감당이 안 될 정도였다. 어느 날 식사를 마치고 계산하던 손님이 이렇게 정신없어 가지고 되겠느냐는 것이었다. 그래서 정말 죄송하다고, 이제 막 오픈을 한지라 아직 손발을 못 맞춰 두서가 없어 그렇다고 했더니 그분은 이렇게 말했다. "다른 것도 아니고 음식인데, 손님이 100명 올지 1,000명 올지 예상을 해서 준비해 놓고 손님을 받아야지, 그런 준비도 없이 손님부터 불러 모으려고 하면 어떡합니까?" 백 번 맞는 말이다. 요즘 종종 볼 수 있는 현수막처럼 '1일 300그릇 한정!' 식으로 해야 맞는 것인데, 그땐 우리도 처음이라 시행착오를 겪었던 것이다.

그때 이후로 우리 부부는 무슨 일을 결정하거나 진행할 때마다 그분의 말을 기억하며 실수 없이 준비하기 위해 노력하고 있다. 내 식당에서도 처음 시작하면 이런 실수를 하는데 하물며 남의 식당에서 시작한다는 것은 웬만큼 단호한 각오와 결심이 아니면 쉽지 않은 일이다. 그러니 자영업에 뛰어들기로 결심했다면 먼저 원하는 아이템을 정하고, 그 아이템을 가장 잘하는 집에 가서 일을 배우며 전문성을 갖출 필요가 있다. 또 그래야 어느 가게가 매물로 나왔다더라, 혹은 대신 맡아서 할 사람을 구한다더라 하는 정보도 알게 된다.

이 사회는 결코 호락호락하지 않다. 장사를 하기로 했으면 길게 보고 몸을 던져라. 현장에서 배워 실패율을 최대한 줄여야 한다. 당신에게 1,000만 원밖에 없어서가 아니다. 1,000억 원을 가진 사업가도 새로운 사업에 손을 댈 때는 실패율을 줄이기 위해 더한 노력을 하면 했지 결코 덜하진 않는다. 성공은 자본금의 크기가 아니라 당신의 몸과 마음이 얼마만큼 부지런히 움직이느냐에 달려 있음을 기억하기 바란다.

장사의 신,
서영열·권순희 부부와의 10문 10답

Q1 음식점 창업이 처음입니다.
메뉴 선정은 어떻게 해야 할까요?

우리가 처음에 설렁탕집을 했던 것은 당시 제가 육류 도매회사에 다니고 있어서 좋은 고기를 싸게 살 수 있었기 때문입니다. 이렇게 각자 주어진 자신의 상황이 다르기 때문에 단순히 창업 메뉴로 무엇이 좋다고는 말하기 어렵습니다. 다만 기왕이면 유행이나 계절을 타지 않고 꾸준히 매출을 유지할 수 있는 메뉴가 좋겠지요. 10년 이상 한자리에서 성업 중인 식당들의 주 메뉴를 분석해 보고, 공통의 키워드를 뽑아 보는 것도 참고가 될 것입니다.

Q2 번화가나 밀집 지역일수록 먹는 장사가 잘될까요?

요즘 같은 시대에 가게 위치는 별로 중요하지 않습니다. 우리 초가집, 기와집만 해도 논두렁 한가운데에 있지만 아무리 멀어도 찾아올 사람은 다 찾아오는 세상이기 때문입니다. 요즘은 가족끼리 동료끼리 삼삼오오 모여서 맛집 투어를 하는 손님이 많습니다. 따라서 주차장은 반드시 확보할 필요가 있습니다. 아무리 맛집이라도 주차가 골치아프거나 주차비가 부담된다면 자주 찾지 않을 수 있습니다. 번화가나 밀집 지역일수록 가게 임대료가 높아서 앞으로 남고 뒤로 밑지기 쉽습니다. 지역에 연연하지 마시고 가게 메뉴와 인테리어에 스토리텔링을 만들어 손님에게 먹는 재미, 보는 재미를 만들어 주세요.

Q3 어떻게 해야 식당 홍보를 잘할 수 있을까요?

분야를 막론하고 최고의 마케팅은 구전, 최고의 홍보 수단은 사람입니다. 한 번 만족시킨 손님은 최고의 세일즈맨이 된다는 말처럼 입소문이 나야 합니다. 그러기 위해서는 일단 사람을 불러 모을 수 있도록 파격 할인 등의 이벤트를 하고, 한 가지라도 손님에게 깊은 인상을 남길 수 있도록 색다른 무언가를 개발해야 합니다. 그것은 주인이나 가게의 스토리텔링일 수도 있고 있고, 음식 세팅의 비주얼, 혹은 독특한 인테리어가 될 수도 있습니다. 분명한 점은 남과 똑같거나 평범해서는 안 된다는 것입니다. 기억에 남고 다른 사람에게 전파할 수 있도록 색다른 이야깃거리를 만들어 내는 것이 중요합니다. 손님에게 특별한 감동을 선물하세요. 그러면 그 손님은 반드시 다시 방문하게 되어 있습니다. 물론 처음 올 때와는 다른, 또 다른 손님과 함께 말입니다.

Q4 장사에서는 음식을 만드는 직원 관리가 제일 어렵습니다. 어떻게 해야 할까요?

음식맛이 예전같지 않으면 "여기 주방장이 바뀌었나 보네" 하고 가장 먼저 알아채는 사람이 손님입니다. 식당 창업에서 가장 중요한 것은 주인이 음식에 대해 알아야 한다는 것입니다. 다시 말해 사장이 주방을 완벽하게 통제할 수 있어야 합니다. 간혹 '나 없이도 장사 잘되나 보자!' 하는 악의적인 마음을 품고, 그만두겠다는 말을 무기로 삼는 사람도 있다고 들었습니다. 그럴 때 제일 좋은 대응은 무엇이겠습니까? 바로 '당신 아니어도 된다'는 것입니다. 그건 사장이 음식에 대해 제대로 알고 있다는 뜻이니까요. '당장 내가 없어도 사장이 하면 되니까 아쉬울 일이 없겠구나' 싶으면 그런 악의적인 마음을 품을 수가 없고, 사장 역시 사람이 자주 바뀐다고 곤란해할 이유도 없습니다. 그러니 먼저 음식에 대해 공부하고 조리법을 마스터하기 바랍니다.

Q5 <u>업종을 바꾸고 싶은데 어떻게 해야 할까요?</u>

업종을 바꾸는 문제는 매우 신중하게 생각해야 합니다. 절대 유행이나 트렌드를 좇아서는 안 됩니다. 같은 자리에서 업종만 바꾼다면 그만큼 새로운 메뉴에 대한 확신이 있어야 하고, 홍보 전략을 잘 짜야 합니다. 기존 고객까지 놓칠 수 있기 때문입니다. 그게 아니라 하던 일은 그대로 하고 하나를 더 하는 것이라면 새로 오픈한 가게가 기존 가게를 뛰어넘는 매출을 일으킬 때까지 유지하다가 갈아타라고 조언하고 싶습니다. 우리가 하는 일에는 항상 대안이 있어야 합니다. 분명한 대안을 가지고 확신이 있을 때 움직이는 것이 좋습니다.

Q6 식당도 인맥이 중요하다고 합니다.
평소 인맥 관리는 어떻게 하십니까?

　　우리는 인맥을 만들고 관리하기 위해 따로 노력하는 것이 없습니다. 흔히들 고객 확보를 위해 종교 단체에 가입하거나 산악회는 물론 각종 동호회 활동을 해야 한다고 합니다만, 저희는 그럴 시간을 오히려 손님에게 투자합니다. 항상 손님이 최우선이고, 찾아오는 손님에게 최선을 다합니다. 그럼 그분들이 감동을 받고 다른 손님과 함께 다시 찾아오지요. 우리에게 가장 중요한 인맥은 지금 식당 문을 열고 들어오는 손님입니다. 사실은 하루 종일 가게에서 일하다 보니 인맥 관리할 시간도 여력도 없습니다.

Q7 장사가 좀 잘된다 싶으니 온갖 제안과 청탁에 괴롭습니다. 그럴 땐 어떻게 대처해야 할까요?

중요한 건 자기만의 원칙을 세우고 지키는 것입니다. 거절하는 법을 익히세요. 장사뿐만 아니라 모든 분야에서 좀 잘된다 싶으면 생기는 일입니다. 가까운 지인은 물론 생판 모르는 사람들까지 우리도 참 많이 겪은 일입니다. 귀가 솔깃한 동업과 사업 확장을 빌미로 한 투자 제안의 유혹은 뿌리치기 쉽지 않습니다. 그러나 내 힘으로 이루어 내지 않고는 단단한 성장도, 성공도 불가능함을 명심하십시오. 그래서 우리는 처음부터 웬만한 제안에도 흔들리지 않도록 끊임없이 자기 제어를 합니다. 빚 청탁도 마찬가집니다. 장사는 아무리 잘된다고 해도 언제 어떤 일이 생길지 모르니 항상 여유 자금이 있어야 합니다. 그 대신 정말 도와줘야겠구나 싶을 땐 받을 생각 말고 주라고 말하고 싶습니다.

Q8 흔히 말하는 현금 부자들은 자산 관리를 어떻게 하는지 궁금합니다.

처음 장사를 시작했을 때는 자산 관리라고 할 것이 없었습니다. 은행은 그저 매일매일의 수입금을 저장하는 창고 역할을 할 뿐이었지요. 위험성이 있는 투자나 수익률이 적은 적금으로 돈을 묶어두는 것보다는 차라리 식당에 재투자를 해서 거두는 수익이 더 높다고 생각합니다. 사실은 재테크할 여유 자금도 없었습니다. 사람 일은 모르는 거라 지금은 저축도 조금 하고 연금보험에도 가입하면서 노후 준비를 철저히 하고 있습니다만 특별히 재테크라고 할 만한 것은 하지 않습니다. 지금은 장사가 잘되고 매출이 쑥쑥 오르니까 뭐든 될 성싶지만 역시 사람 일은 아무도 모르는 것이라 돈을 비축하거나 재테크에 투자하기보다 위기에 대처하기 위한 플랜 B를 세우는 데 힘을 쏟습니다. 예를 들면 업종을 바꿔야 할지 모를 상황에 대비해 어떤 음식을 팔아도 될 식당 인테리어든가 무슨무슨 파동 같은 사건으로 매출이 감소했을 때를 대비해 예비비를 예치해 둡니다. 잘나가던 식당이 갑자기 문을 닫게 되는 건 십중팔구 자금 문제이기 때문입니다.

Q9 일상생활에서 가장 소중하게 여기는 가치는 무엇입니까?

식당 장사에서 가장 중요한 것은 일희일비하지 않는 것입니다. 식당 장사라는 게 어떤 날은 매출이 좋을 수도 있고, 또 어떤 날은 재료비나 인건비도 뽑지 못할 만큼 손해 보는 날도 있게 마련입니다. 매출이 좋은 날은 당연히 허허실실 웃게 되지만 매출이 적은 날은 아무래도 울상을 짓게 되겠죠. 그런데 중요한 것은 이런 우리를 손님이 지켜보고 있다는 것입니다. 매상이 안 오른다고 매번 나가던 반찬 가짓수를 줄인다거나 재료비가 조금 올랐다고 메뉴 가격을 올려 버리면 대번에 손님이 알아챕니다. 음식맛만큼이나 중요한 게 바로 사장의 자세입니다. 일관성을 유지하도록 해보세요. "감사합니다. 또 오십시오!" 계산대에서 크고 밝게 인사하는 사장이야말로 고객을 다시 부르는 신호탄 같은 것입니다. 우리 부부가 예나 지금이나 가장 귀하게 여기는 가치는 절약과 검소함입니다. 버는 것도 중요하지만 벌어 놓은 것이 허투루 새나가지 않게 유지하는 것이 더 중요하다고 생각하기 때문입니다. 아무리 돈이 많아도 사치와 허영 앞에는 장사가 없지요.

Q10 이미 성공을 거둔 지금도 가게를 위해 노력하는 일이 있습니까?

     우리 부부는 처음 가게를 시작했을 때나 지금이나 똑같이 노력하고 있습니다. 다만 도와주는 직원이 여럿 있으니 예전만큼 육체적으로 힘들지는 않지만, 사업이 계속해서 성장할 수 있도록 노력을 게을리 하지 않습니다. 짬짬이 장사 잘 되는 집을 찾아다니며 연구하고, 우리가 추가하거나 개선할 점은 없는지 찾아내고 새로운 시도를 합니다. 맛집으로 소문나고 손님이 끊이지 않는다고 방심하는 순간 손님은 압니다. 우리는 단순히 몇 년 더 장사 잘하고 접겠다는 생각으로 이 일을 하고 있지 않습니다. 언젠가는 세대를 초월한 명가로 자리매김하고 싶은 큰 꿈을 가지고 있기 때문에 지금 이 순간에도 긴장을 풀지 않고 우리의 꿈을 위해 열심히 매진하고 있습니다. 그래서 사람들은 우리를 보고 "당신들은 장사하기 위해 태어난, 식당을 하기 위해 만난 부부 같습니다" 라고 말하는지도 모르겠습니다.

우리 부부 인생 2막의 꿈은 '밥 짓는 식당 학교'입니다

지금까지 우리는 숱한 사람을 만나 왔다. 새로 창업하려는 사람, 이미 장사를 시작해서 극도의 어려움을 겪고 있는 사람이나 그와 반대로 자기만의 노하우로 신나게 장사하고 있는 사람, 지난 20년간 함께했던 직원들, 그리고 이루 헤아릴 수 없는 손님들. 그 많은 사람을 겪어 오면서 우리는 골목 귀퉁이의 작은 밥집이라도 시작하기에 앞서 하나부터 열까지 제대로 가르쳐 주는 학교가 하나 있었으면 좋겠다는 생각을 참 자주 했다.

아는 만큼 보인다고 하지 않던가. 이제 집 앞 작은 슈퍼마켓도 영업 기술이 필요하고, 채소 한 단을 팔아도 마케팅 전략이 필요한 시대라고들 한다. 가사 도우미도 전문 교육을 받은 사람과 자기 집 살림만 해본 사람은 차이가 클 수밖에 없다. 경험을 통해 축적된 정보부터가 다르기 때문이다. 정 할 게 없어서든 인생 2막을 준비하기 위해서든 '이제 시작하는 밥집'은 그들 모두에게 마지막 보루고, 죽기 아니면 까무러치기로 임해야 하는 일이다. 따라서 이왕이면 기술적인 측면이나 서비스에 대한 교육을 철저히 받고 시작한다면 좀 더 긍지와 자부심을 가지고 제대로 할 수 있을 것이다. 밥벌이에만 급급해서 세밀한 준비 없이 후닥닥 차려 놓고 손님만 목 빠지게 기다리는 것은 장담컨대 망하는 지름길이다.

식당은 엄연히 서비스업이고, 따라서 고객 서비스가 최우선이다. 한마디로 손님 입장에서 불편한 점은 무엇이고, 지금보다 더 편하게 해 줄 수 있는 방법은 무엇인지에 대한 고민이 있어야 한다는 뜻이다. 우리도 열흘이나 보름에 한 번씩은 직원들에게 서비스 교육을 한다. 그 동안의 경험을 통해 알게 된 것과 최근에 직원들이 손님을 대하는 과정에서 보고 느낀 점을 이야기해 주는 것이다. 그때 직원들에게 항상 하는 말이 있다. 절대로 손님한테 상처 주는 말도 하지 말고, 손님이 하는 말에도 상처받지 말라는 이야기다.

일하다 보면 머리로는 이해하면서도 속이 쓰릴 때가 한두 번이 아니다. 서비스가 맘에 들지 않는다며 사장 와라 가라 하는 손님은 예사고, 차마 입에 담기 힘든 욕설과 육두문자도 들어 봤고, 심지어 날아오는 뚝배기를 받아본 적도 있었다. 물론 우리가 잘못한 경우에는 백 번이고 사과하고 반성해야 마땅하다. 하지만 정말 밑도 끝도 없이 막무가내로 인상 쓰고 욕부터 하는 손님도 종종 있다. 그럴 때면 일하는 사람이 예절을 지켜야 하는 것은 당연하지만, 식당에 와서 제대로 대접받고 싶다면 손님도 기본적인 예의는 지켰으면 하는 마음이 간절하다. 손님도 손님 대접을 받을 준비가 되어 있어야 한다는 말이다.

사실 우리 사회에는 아직도 서비스업이라고 하면 일단 무시하는 경향이 많이 남아 있다. 손님이 필요로 하는 서비스를 제공하고 그 대가를 받는 것이 서비스업인데, 여기에 왜 갑과 을의 논리가 끼어드는지 이해할 수가 없다. 그래서 아예 중고등학교 때부터 교과 과목의 일부로라도 서비스에 관한 교육이 들어가면 좋겠다는 생각이 든다. 어릴 때부터 서비스에 대한 개념을 올바르게 심어 준다면 서로 예의를 지키면서 기분 좋게 서비스를 주고받을 수 있지 않을까?

물론 다른 사람이 지불하는 귀한 대가를 받기 위해서는 먼저 그에 걸맞은 실력과 서비스 정신을 갖춰야 한다. 우리는 예컨대 갈비 뜨는 기술로는 서영열이 1인자고, 밥 푸는 기술로는 권순희가 1인자라고 믿는다. 그런 긍지와 자부심이 있기 때문에 손님에게 자신 있게 음식을 내놓고, 우리가 들인 정성이 헛되지 않도록 손님이 식사를 마치고 돌아가실 때까지 최선을 다해 서비스에 임한다. 잘 지은 밥과 음식을 먹으며 백화점에서 쇼핑을 하듯 최고급의 대우를 받게 된다면 밥이 더욱 맛있을 수밖에 없고, 다시 찾지 않고는 못 배기게 되는 것을 알기 때문이다.

그러니 더욱 치밀하게 기획하고, 더욱 세심하게 준비하고, 더욱 치열하게 배우고 익혀야 한다. 수많은 창업 학교나 컨설턴트가 잘 팔리는 메뉴와 상권을 분석해서 '잘되는 밥집'의 길을 틔워 줬다면, 그 이후 실전에서의 성공 여부는 바로 당신이 얼마나 준비되어 있느냐에 달려 있다. 철저한 준비 없이 그저 목이 좋아서, 음식 좀 한다는 이유로 시작한다면 당장 그만두라고 권하고 싶다. 음식 장사는 맛은 기본이고 음식에 대한 애정과 손님에 대한 태도, 그리고 직원을 관리하는 방법까지 그 모든 것이 철저한 준비 없이는 성공하기 어려운 일이기 때문이다. 그러니 제발 배우고 시작하라. 풍부한 현장 경험을 쌓든 책을 뒤져 보든 간에, 기본 하나라도 제대로 배우고 시작했으면 좋겠다. 그래서 우리 부부는 언젠가 제대로 된 식당 학교 하나만 있어도 참 좋겠다고 생각하는 것이다.

자영업 잔혹사 시대,
위기를 시너지로 바꾸는

부부창업의 힘

초판 1쇄 찍은 날 2016년 2월 4일
초판 1쇄 펴낸 날 2016년 2월 16일

지은이 서영열 · 권순희
발행인 한동숙
기획진행 박윤영
편집주간 류미정
마케팅 권순민
디자인 ALL Design Group
공급처 신화종합물류

발행처 더시드 컴퍼니
출판등록 2013년 1월 4일 제 2013-000003호
주소 서울 강서구 화곡로 68길 36 에이스에이존 11층 1112호
전화 02-2691-3111 **팩스** 02-2694-1205
전자우편 seedcoms@hanmail.net

ⓒ 서영열 · 권순희, 2016

ISBN 978-89-98965-09-9   03320